a sala de aula
digital

C173s Camargo, Fausto.
　　　　A sala de aula digital : estratégias pedagógicas para fomentar o aprendizado ativo, *on-line* e híbrido / Fausto Camargo, Thuinie Daros. – Porto Alegre : Penso, 2021.
　　　　xxiii, 184 p. ; 23 cm.

　　　　ISBN 978-65-5976-001-5

　　　　1. Educação. 2. Didática. 3. Ensino via *web*. I. Daros, Thuinie. II. Título.

CDU 37

Catalogação na publicação: Karin Lorien Menoncin – CRB 10/2147

FAUSTO CAMARGO
THUINIE DAROS

a sala de aula
digital

estratégias pedagógicas
para fomentar o aprendizado
ativo, *on-line* e híbrido

Porto Alegre
2021

© Grupo A Educação S.A., 2021.

Gerente editorial
Letícia Bispo de Lima

Colaboraram nesta edição

Coordenadora editorial
Cláudia Bittencourt

Capa
Paola Manica | Brand&Book

Preparação de originais
Paola Araújo de Oliveira

Leitura final
Marcos Viola Cardoso

Editoração
Ledur Serviços Editoriais Ltda.

Reservados todos os direitos de publicação ao GRUPO A EDUCAÇÃO S.A.
(Penso é um selo editorial do GRUPO A EDUCAÇÃO S.A.)
Rua Ernesto Alves, 150 – Bairro Floresta
90220-190 – Porto Alegre – RS
Fone: (51) 3027-7000

SAC 0800 703-3444 – www.grupoa.com.br

É proibida a duplicação ou reprodução deste volume, no todo ou em parte, sob quaisquer
formas ou por quaisquer meios (eletrônico, mecânico, gravação, fotocópia,
distribuição na Web e outros), sem permissão expressa da Editora.

IMPRESSO NO BRASIL
PRINTED IN BRAZIL

Dedicamos este livro a você, leitor, por ser continuamente desafiado, na sala de aula digital, híbrida ou presencial, a realizar a inovação em suas práticas pedagógicas.

Autores

Fausto Camargo

Administrador. Doutor em Sociedade, Cultura e Fronteiras pela Universidade Estadual do Oeste do Paraná (Unioeste), com pesquisa voltada para a integração da educação superior entre Argentina, Brasil e Paraguai. Mestre em Ciências Sociais pela Universidade do Vale do Rio do Sinos (Unisinos). Especialista em Gerenciamento de Micro e Pequenas Empresas pela Universidade Federal de Lavras (UFLA), em Gestão da Aprendizagem e em Metodologias Ativas pela Faculdade União das Américas (Uniamérica). Apaixonado por educação e ferramentas de gestão, palestrante, consultor e facilitador em *workshops* e treinamentos. Atualmente é professor e coordenador do Curso de Administração da Uniamérica, em Foz do Iguaçu (PR). Autor do livro *A sala de aula inovadora: estratégias pedagógicas para fomentar o aprendizado ativo* (Penso).

Contato: https://linktr.ee/faustocamargo

Thuinie Daros

Pedagoga. Graduada em Processos Gerenciais pela Unicesumar. Mestra em Educação pela Unioeste. Especialista em Fundamentos Políticos e Filosóficos da Educação pela Unioeste. Possui MBA em Gestão da Aprendizagem pela Uniamérica. Atua há mais de 20 anos na educação básica e no ensino superior como professora e gestora. É cofundadora da Téssera Educação, na qual é consultora, palestrante e facilitadora em *workshops* sobre temáticas que envolvam a aplicação de metodologias ativas, ensino híbrido e tecnologias educacionais, promovendo novas experiências de aprendizagem para docentes por meio de modelagens inovadoras na educação em todo o País. Há mais de 7 anos liderando modelos híbridos, tanto na modalidade presencial quanto a distância, atualmente trabalha como *head* de cursos híbridos e metodologias ativas na Unicesumar. É autora dos livros *Para que serve ler e escrever: sentidos que as crianças atribuem à linguagem escrita* (Epígrafe), *Intervenções inovadoras na psicopedagogia em diferentes contextos de aprendizagem* (Unicesumar) e *A sala de aula inovadora: estratégias pedagógicas para o aprendizado ativo* (Penso).

Contato: https://linktr.ee/ThuinieDaros

Apresentação

Ao longo da vida, desenvolvemos nosso conhecimento sobre o mundo com que interagimos e que nos submete circunstâncias. Passiva ou ativamente, vamos elaborando nossos entendimentos em diferentes níveis e perspectivas. Cada um vivencia e experimenta o mundo a seu modo, viés, perspectiva, forma, crença ou ciência. Fato é que nenhum ser humano é uma ilha afastada e isolada. Somos de circunstância social, e nossos entendimentos se misturam, ficando em cada um uma perspectiva compartilhada, por vezes padronizada, por vezes singular. Assim, o mundo vai se apresentando nas nuanças do coexistir e, quando ampliamos nossos horizontes, transformamos nossos entendimentos. Assim é a jornada do docente, um permanente aprendiz do aprendizado.

O professor que se vê desafiado permanece em atitude de aprendiz ativo, estando sempre conectado com o mundo, com as novas circunstâncias, com as oportunidades digitais. Já o conteudista de instruções encasteladas vive a passividade do transmitir informações esterilizadas pelo tempo. Parou no tempo, estagnou nas verdades de um mundo que já não é, vive no feudo de dogmas que insistem em prevalecer.

Assim, a leitura deste livro tem um propósito muito claro: conduzir-nos a um novo patamar da ciência e prática da aprendizagem. Uma oportunidade singular de ampliarmos os horizontes dos processos educativos e nos conectarmos com a nova sala de aula, a sala digital. Conexão essa que nos apresentará estratégias de aprendizagem e nos fará sair dos redundantes mecanismos de "ensinagem". Convém aqui pensarmos um pouco mais sobre estes dois termos: estratégia e mecanismo. Sim, a provocação é perceber que a educação convencional aplica alguns mecanismos que, em uma sala digital, não são efetivos.

A palavra "mecanismo" (que do latim remete à *mekhane*) indica uma ordenação de peças que, interagindo, geram algum movimento. Trata-se, portanto, de uma montagem sincronizada de peças sobre as quais se exerce uma força que obriga um movimento. Por analogia, uma educação mecânica é aquela que exerce arbitrariedade sobre o movimento do aprender. "Vai cair na prova", lembra disso? Uma ameaça disfarçada de orientação. "Presente, professora", uma resposta ao mecanismo de chamada para conferência de presença e pontualidade. "Anota aí", um comando para registro de informação a ser ditada. Aliás, que palavra emblemática essa, "ditado", lembra ditatorial, não é? Nessa perspectiva, todo o aparelho escolar convencional está estruturado para garantir (forçar) um movimento de x Apresentação

aprendizagem baseada em memórias mecânicas. São mecanismos de controle que disciplinam a ação de estudar, mas nem sempre são efetivos quando o propósito é encantar para o aprender.

Já a palavra "estratégia" vem do grego *strategia*, um vocábulo com *stratos*, que significa multidão, e *agos*, com o sentido de liderança. Por isso, estratégia tem relação com a capacidade de liderar um grupo de pessoas para um objetivo comum. Inicialmente, a palavra ficou associada às estratégias de guerra, evoluindo para um entendimento da ciência do método de fazer ou conduzir algo, alguém ou um grupo de pessoas. Relacionando com a educação, estratégia é um método para conduzir um processo educativo envolvendo os participantes em um objetivo comum. A resolução de um problema, por exemplo.

Professores encantadores têm boas estratégias de aprendizagem e conseguem obter o melhor engajamento dos estudantes. Ter um bom arsenal de estratégias pode transformar a sala de aula em um ambiente envolvente, em que até se esquecem os mecanismos educacionais. Assim, a vontade de estudar se mistura com a mágica da curiosidade, do querer saber e do querer compartilhar. Que bom que agora temos neste livro um conjunto de estratégias para a sala de aula digital. Os autores não economizaram nas dicas, trazem fundamentos importantes e indicam competências a serem desenvolvidas com cada estratégia.

Nesse sentido, a composição das estratégias apresentadas está bem estruturada na coerência das competências que indicam e permitem construir conhecimentos em diferentes áreas do saber. Uma bela tríade: estratégia, competência e conhecimento. Sublinho aqui para bem notificar que as estratégias não são apenas dinâmicas de grupo, ou simples entretenimento, elas objetivam desenvolver competências e conhecimento.

Em cada estratégia você vai identificar competências previstas como decorrentes da atividade. Há, entre elas, algumas competências predominantes, e vale investir um tempo na compreensão de sua composição. Vou destacar aqui algumas delas para que possamos bem aproveitar cada oportunidade de aprender a ensinar utilizando meios que façam a diferença no processo educativo.

Todo aprendizado evolui a partir do que já sabemos na direção do que ainda não sabemos. **Neste propósito, a categoria de estratégias que movimentam os conhecimentos prévios** tem uma coerência significativa para o desenvolvimento do aprender. Trata-se de um movimento importante de transição da **vivência** para a **experiência**. Você deve estar intrigado com a diferença ou similaridade das definições. Vejamos, "vivência", do latim *viventia*, que significa o ato de ter vivido, a condição de quem viveu algo, a participação em um evento ou, ainda, ter vivido do "lado de dentro". Agora, olha que interessante o significado de "experiência", do latim *experientia*, palavra formada por *ex* (de externo, do lado de fora), *peri* (de perímetro, circundante, observante) e *entia* (de conhecimento, ciência e entendimento). Boa diferença, *não é*? No sentido que estamos aplicando aqui para pensar as estratégias de aprendizagem, significa dizer que toda vivência gera um conhecimento prévio, que talvez não esteja tão elaborado, mas é impregnado de sentido para potencializar o saber. Portanto, a experiência é o movimento de tomar ciência e fazer-se cientista, colocando-se do "lado de fora" para assim ordenar o entendimento. Dessa forma, toda vivência importa quando se quer ter melhor experiência. Conduto, há intersecções entre vivência e experiência em diferentes níveis, seguindo a plasticidade humana em suas variadas nuanças de aprendizagem. Significa dizer que em uma vivência pode haver experiência. Esse é o objetivo da educação, e o que há de comum entre vivência e experiência é a imersão.

Em tempos de sala de aula digital, pergunta-se: Como desenvolver estratégias de **imersão**? Como realizar estratégias que favoreçam a construção de um conhecimento a partir de uma imersão? Em primeira impressão, compreendemos que a imersão só pode ser realizada em ambiência local e presencial. Entende-se, porém, que imergir é o ato de mergulhar, de ficar imerso, de experimentar. Dessa forma, condições podem ser criadas para que a imersão ocorra independentemente da presencialidade, pode, sim, fazer parte de uma estratégia que aproxime, faça experimentar e "inunde" o estudante de circunstâncias de aprendizagem.

Contudo, do que adianta uma boa condição de imersão se não houver problematização e análise de evidências? Estar imerso, mas não saber problematizar, compreender os contextos, fazer as perguntas certas nos limitaria a apenas vivenciar. Por isso, é fundamental desenvolver estratégias que potencializem a capacidade de duvidar, de perguntar e de se intrigar com fatos e realidades que são objetos do conhecimento. Derivada da capacidade de problematizar está a capacidade de analisar as evidências. A **análise de evidências** permite desenvolver a capacidade de identificar, observar e analisar as evidências. São estratégias fundamentais para desenvolver uma competência que tem ganho grande relevância nos processos de aprendizagem.

Outro grande pilar do processo de aprender está nas estratégias de **aprendizagem colaborativa**, que são aquelas que estimulam o aprendizado entre pares e os coloca em relação para a composição de objetivos comuns. As ações pedagógicas de colaboração criam uma ambiência fértil para a troca de experiências, o compartilhamento de conhecimentos prévios, o engajamento e a motivação dos envolvidos. À medida que os membros de um grupo amadurecem, o senso de pertencimento, a confiança e a liberdade de colaborar vão se intensificando, e o compartilhamento dos achados, das ideias e dos projetos torna-se estimulante.

Dialogia, discussão e interação fazem a combinação das estratégias que movimentam a aprendizagem colaborativa. Saber dialogar e conseguir posicionar-se pode ser um desafio para muitos estudantes. Utilizar estratégias de interação ajuda a exercitar a capacidade de pensar e de argumentar. Nessas ações pedagógicas de

xii Apresentação

interação vale observar o desenvolvimento emocional de lidar com a contradição, de ser contrariado e compreender o posicionamento das ideais, sem, com isso, ter uma indisposição de relacionamento pessoal.

Outro momento que vivemos é a contínua reflexão sobre o instrucionismo, que, por sua vez, pode parecer que nos sugere um abandono das práticas de ensino de algum conteúdo. Entretanto, todo processo educativo sempre terá como resultante algum conhecimento, algum conteúdo, alguma aprendizagem. Assim, estratégias que movimentem os **conceitos** são fundamentais para construir bons meios até se chegar à finalidade do aprender. Durante sua leitura, você perceberá que a contribuição dos autores está em construir oportunidades de reinventar a sala de aula, tornando-a dinâmica, criativa e envolvente. Afinal, ser professor é também ser um gestor do processo de aprendizagem.

Nesse contexto, o livro apresenta estratégias para fortalecer a competência de bem gerir o processo educativo. As estratégias de **gestão da aprendizagem** contribuem para que o professor ative a capacidade dos próprios estudantes de perceberem o seu processo de desenvolvimento. Não se trata de criar estratégias que terceirizem a vontade de aprender. Trata-se de uma gestão para uma aprendizagem visível, perceptível e evolutiva, de tal forma que os estudantes consigam criar suas próprias narrativas.

Pressuposto importante, ter sua própria **narrativa** é uma das melhores evidências de que se aprendeu. Por isso, a condução da sala de aula digital sempre está envolta de uma atmosfera de acontecimentos, contextos e significados. Nada fica solto, sem sentido ou fragmentado. É no conjunto das narrativas enredadas que se tecem os saberes e se faz acontecer. Toda narrativa bem estruturada fortalece o engajamento e desperta a curiosidade para a investigação e a descoberta. Assim, os autores são muito felizes ao nos apresentarem um conjunto de oportunidades para o desenvolvimento das narrativas do professor e dos estudantes. Nessa atmosfera da descoberta nasce, então, a vontade investigativa.

Toda narrativa também carrega momentos cruciais vividos pelo protagonista. Algum momento crítico, algum problema, algum paradoxo ou circunstância desafiadora que precisa de uma resolução. Momento fértil para criar um contexto investigativo e desenvolver a competência de **resolução de problemas**. O que você faria no lugar do protagonista? Como resolveria? Qual a saída? Perguntas básicas para devolver a "autoria" aos estudantes, fazê-los investigar para que consigam criar suas próprias soluções. Ainda viveremos o momento em que deixaremos de avaliar o "boletim de notas" e passaremos a contemplar o portfólio de aprendizados.

Veja que interessante seria um estudante com narrativas de aprendizagem apresentando as evidências de seus aprendizados. Ter um **portfólio de aprendizados** significaria ter o registro dos feitos no processo educativo que favoreceram o desenvolvimento das competências, habilidades e atitudes. Seria bem apreciado por recrutadores, que poderiam ver o quanto um dado candidato vivenciou e experimentou competências de resolução de problemas, trabalho em equipe, visão analítica, capacidade de decidir e, a melhor de todas as competências, aprender algo novo.

Dentre essas competências, é fundamental que o **trabalho em equipe** também ocorra durante o processo educativo, elevando a capacidade de fazer junto, de dividir tarefas, de colaborar e compartilhar. A sala de aula digital é oportuna e rica em ferramentas para criar uma comunidade investigativa – e colaborativa. Aprender junto e não só aprender sozinho. O individual e o coletivo se complementam e aceleram o processo formativo.

Daí a importância do autoconhecimento. Se, na maioria das estratégias, a proposta está na relação com o outro, esta faz refletir sobre a importância do conhecimento de si. Como orientou Sócrates, "conhece-te a ti mesmo". Uma referência importante para o desenvolvimento emocional, para a construção da personalidade e para consolidar uma identidade.

Outro conjunto de estratégias relevantes está na órbita da **avaliação, autoavaliação e avaliação por pares.** A avaliação de aprendizagem, como vimos, pode ser um mecanismo, mas aqui a proposta é que se torne uma estratégia. Dessa forma, a avaliação ganha oportunidades para o processo formativo na ciência do diagnóstico realizado pelo professor. Ganha relevância na percepção de si e do autodesenvolvimento com a autoavaliação. Em um outro conjunto de estratégias, a avaliação por pares favorece o comprometimento coletivo de auxiliar os colegas a seguirem seus objetivos.

Por fim, os autores foram generosos no compartilhamento de estratégias que abarcam os diferentes desafios de uma sala de aula digital. Vivemos um momento promissor de transformação dos paradigmas educacionais, e, neste livro, o leitor terá excelentes referenciais para construir um novo espaço educativo.

Janes Fidelis Tomelin
Pró-reitor de Ensino EAD da Unicesumar. Diretor de Ética e
Qualidade da Associação Brasileira de Ensino a Distância (ABED).

Prefácio

Vivemos em um mundo dominado pelas tecnologias. *Smartphones*, *tablets*, computadores, diferentes tipos de máquinas e até robôs têm feito parte do cotidiano de maneira cada vez mais intensa.

Não é incomum o fato de muitas pessoas, quando ficam longe desses *gadgets*, sentirem uma espécie de "síndrome de abstinência tecnológica". O curioso é que essa realidade não atinge somente os adultos. Crianças e adolescentes, os chamados nativos digitais, também têm sido fortemente impactados.

Estamos vivenciando a transformação da utilização de objetos analógicos para o uso cada vez maior de ferramentas e recursos digitais e inteligentes, em um contexto que envolve um volume significativo de dados (*big data*) processados, o que possibilita conhecer cada vez mais as preferências, os hábitos e os desejos dos indivíduos, direcionando suas escolhas.

São novos tempos! Novos modelos de negócio, novos recursos, novas formas de pensar e de viver e, consequentemente, de ensinar e de aprender. Com as redes sociais, *games*, "memes", vídeos, os estudantes recebem dezenas de informações diariamente. Basta que acessem o YouTube para que facilmente encontrem o conteúdo de uma aula explicado em alguns minutos. Um clique no Google e acessam informações sobre qualquer assunto. Essa disponibilidade de dados e informações nos leva à necessidade do desenvolvimento de competências e habilidades, ou seja, apenas ensinar conteúdos já não faz sentido. Habilidades como pensamento crítico e criatividade são cada vez mais essenciais.

É inegável que os **estudantes de hoje já não são os mesmos de poucos anos atrás**. O fato é que a sociedade mudou, e a educação precisa acompanhar essas modificações mais amplas. É justamente nesse contexto que surge a necessidade de uma prática pedagógica pautada na educação ativa e cada vez mais *on-line* e híbrida.

Em 2018, publicamos o livro *A sala de aula inovadora: estratégias pedagógicas para fomentar o aprendizado ativo* (CAMARGO; DAROS, 2018), produzido a partir de nossas experiências pessoais como professores, com o intuito de fornecer aos leitores e colegas da educação um conjunto de práticas para serem aplicadas sem necessariamente contar com as tecnologias. Recebemos *feedbacks* incríveis sobre os resultados significativos alcançados ao replicar as nossas experiências em todo o País.

xvi Prefácio

Contudo, como disse o filósofo Heráclito, **"nada é permanente, exceto a mudança"**. De lá para cá, ampliamos nossas experiências profissionais, experimentando metodologias, criando estratégias, modelando novas abordagens híbridas e, de forma muita intensa, integrando as diferentes tecnologias educacionais em nossas práticas pedagógicas. Com isso, ampliamos consideravelmente **nosso repertório de abordagens pedagógicas inovadoras**, que agora são muito mais digitais.

Diante desse aumento em nosso portfólio de possibilidades, resolvemos reunir **42 novas** estratégias pedagógicas pautadas em metodologias ativas, mas agora voltadas para salas de aula digitais e *on-line*. Inspirados em nosso propósito inabalável de promover uma educação verdadeiramente inovadora em nosso país, embarcamos no contexto da educação digital e escrevemos este livro, intitulado *A sala de aula digital: estratégias pedagógicas para fomentar o aprendizado ativo, on-line e híbrido*, em continuidade à primeira obra, publicada na série Desafios da Educação.

Este livro está organizado em duas partes: a primeira é constituída por cinco capítulos introdutórios, de caráter argumentativo, que versam sobre os aspectos relevantes da contemporaneidade da educação; já na segunda parte, são apresentadas as abordagens pedagógicas, seguindo a mesma estrutura utilizada no primeiro livro. Aqui, porém, acrescentamos às estratégias elementos, recursos e dicas incríveis!

A ideia é que os leitores conheçam diferentes abordagens pedagógicas favorecedoras do desenvolvimento do *mindset* focado em soluções de problemas reais no contexto da educação *on-line*. Portanto, cabe ao professor definir suas aplicações, podendo utilizá-las de modo isolado ou combiná-las, a partir das demandas curriculares, bem como adequá-las com base na complexidade do assunto ou tema a ser trabalhado em qualquer sala de aula.

Quando propomos as estratégias listadas, é necessário entender que não se trata apenas de criar um *website*, mas de desenvolver autoria; não queremos que apenas produzam vídeos para se tornarem *youtubers*, mas que sejam capazes de contar suas histórias e de apresentar suas ideias, seus pontos de vista, com fundamentação e argumentação; não queremos que apenas manipulem elementos básicos da programação, uso de *led*, entre outros, mas que, com essas ferramentas, sejam capazes de dominar diferentes linguagens, desenvolvendo o pensamento computacional; não queremos que apenas simulem novos cenários ou produzam aplicativos, mas que conduzam mudanças e resolvam problemas reais. Em outras palavras: não queremos apenas engajamento e atividades, queremos que todos aprendam, queremos a formação de pessoas críticas, criativas e humanas, que desenvolvam competências compatíveis com o século XXI, como a resolução de problemas, entre tantas outras. Além disso, o uso de tecnologias de forma inteligente apoia o professor na condução das atividades, pois otimiza o tempo de planejamento, auxiliando na tomada de decisão.

Esperamos que a leitura desta obra possa, de fato, inspirar profissionais da educação a reverem suas práticas pedagógicas, sobretudo as pautadas em um ensino meramente transmissivo e memorístico, e instrumentalizá-los para essas transformações, encorajando-os na promoção de uma educação verdadeiramente inovadora no contexto da educação digital.

Bem-vindo à transformação digital na sua sala de aula!

Fausto Camargo e Thuinie Daros

Sumário

Apresentação ix
  Janes Fidelis Tomelin

Prefácio xv
  Fausto Camargo e Thuinie Daros

Como organizamos este livro 1

PARTE I 5
  A sala de aula digital

Capítulo 1 7
  A sala de aula digital

Capítulo 2 19
  A mudança no papel do professor na aprendizagem digital

Capítulo 3 23
  Aprendizagem visível na sala de aula digital

Capítulo 4 27
  O uso de rubrica aliado à estratégia ativa de aprendizagem

Capítulo 5 34
  Desafios e perspectivas da sala de aula digital

PARTE II..39

Estratégias pedagógicas para o aprendizado ativo, *on-line* e híbrido

Estratégia 1..41

Aprendendo com a opinião dos colegas

Estratégia 2..43

Aprendizagem baseada em jogos

Estratégia 3..47

Aprendizagem baseada em investigação ou questionamento

Estratégia 4..49

Aprendizagem gamificada

Estratégia 5..54

Aprendizagem total

Estratégia 6..57

Atividade ativa com infográfico

Estratégia 7..61

Atomizar

Estratégia 8..64

Autoavaliação no ensino virtual

Estratégia 9..71

Avaliação por pares no ensino virtual

Estratégia 10..74

Blog

Estratégia 11..77

Brainstorm digital

Estratégia 12..81

Capa de revista

Estratégia 13...85
Debate e argumentação com aplicativos de interação imediata

Estratégia 14...87
Desafios imersivos

Estratégia 15...92
Digital storytelling (histórias digitais)

Estratégia 16...96
Entrevista remota com especialistas

Estratégia 17...99
Expedições a museus virtuais

Estratégia 18...102
Fórum invertido

Estratégia 19...105
Gestão da aprendizagem com Kanban

Estratégia 20...108
Glossário virtual

Estratégia 21...110
Go and win (Vá e vença)

Estratégia 22...113
Interagindo com QR Code

Estratégia 23...116
Let's talk

Estratégia 24...118
Mapa mental virtual

Estratégia 25...121
Meu avatar

Estratégia 26 127
Peer review

Estratégia 27 130
Pocket learning

Estratégia 28 132
Podcast

Estratégia 29 135
Portfólio digital

Estratégia 30 137
Projeto digital

Estratégia 31 140
Quadro da inspiração digital

Estratégia 32 143
Quadro virtual de análise de fatores

Estratégia 33 147
Quebra-cabeça com QR Code

Estratégia 34 150
Quiz game

Estratégia 35 152
Rotação por estações em ambientes virtuais

Estratégia 36 156
Storyboard

Estratégia 37 159
Talk show

Estratégia 38 162
Team-based learning no ensino híbrido

Estratégia 39 166
Timeline virtual

Estratégia 40 169
Video based learning

Estratégia 41 173
Webquest

Estratégia 42 176
Youtuber

O que vem por aí 179

Referências 181

Como organizamos este livro

O momento que vivemos é desafiador, e na educação não é diferente. O impacto da digitalização dos negócios mudou e continuará transformando a forma como ensinamos e aprendemos. Cada vez mais a tecnologia faz parte de nossa vida, sendo fundamental admiti-la como uma poderosa ferramenta de auxílio e transformação educacional.

Temos observado diversas instituições de ensino no mundo focadas na transformação dos seus processos educacionais, fornecendo experiências digitais e modelos cada vez mais híbridos, fomentando a inovação e a criatividade por meio de uma arquitetura educacional que promove experiências mais ativas e significativas, e, por isso, defendemos que a sala de aula, seja ela presencial ou *on-line*, precisa ser reinventada.

Fala-se muito de ensino a distância (EaD), presencial, híbrido, remoto e, ainda, telepresencial. A grande questão não é a modalidade ou a metodologia em si, pois elas, mais cedo ou mais tarde, podem deixar de existir e fundir-se em uma única modalidade. Ou seja, a digitalização pode levar ao incremento do ensino presencial e a distância de tal modo que a fusão dessas modalidades pode se tornar inevitável.

A prática da inovação pedagógica em diferentes modalidades e modelagens pode ser apresentada ao professor como algo muito fácil e cheio de receitas. O professor elabora o planejamento, seleciona recursos, aplica a atividade (que certamente ocorrerá conforme o previsto) e avalia a aprendizagem. Tudo isso com base em uma prática altamente fundamentada e carregada de *insights* criativos. A receita é simples. Simples? Como professores, sabemos que não é assim. Nem sempre funciona conforme o planejado: alunos não se motivam com a estratégia utilizada, o recurso pode estar indisponível, o gestor pode não considerar uma excelente ideia, o computador ou a conectividade torna-se indisponível, ou não nos sentimos tão motivados como esperam que estejamos.

É fato, ao inovar a prática pedagógica, o professor irá se deparar com inúmeros "sabotadores da inovação" ou "pseudossábios da inovação". A lista é grande: chefes controladores, pessoas que nunca entraram efetivamente em uma sala de aula, cultura institucional, recursos disponíveis, falta de engajamento ou mesmo a compreensão dessa necessidade por parte dos estudantes.

Infelizmente não temos uma fórmula secreta, e este livro não é um manual. Porém, é importante lembrá-lo que o mundo é dos inovadores, dos criativos, das pessoas com *mindset* para a mudança disruptiva e, por isso, apresentamos um conjunto de práticas pedagógicas pautadas em metodologias ativas que nos últimos dois anos tivemos a possibilidade de criar, adaptar, aplicar e cujos resultados pudemos mensurar. Em outros termos, criamos, experimentamos, testamos, ajustamos e disponibilizamos em formato de livro para que a sua jornada de inovação da prática pedagógica em contextos digitais seja mais leve.

As estratégias ativas de aprendizagem, independentemente da modalidade, são recursos essenciais para o desenvolvimento da aprendizagem. Por isso, se o objetivo é desenvolver a habilidade cognitiva de análise, pode-se aplicar determinada estratégia; se o objetivo é compreender as causas e os efeitos de determinado problema, pode-se usar outra estratégia de aprendizagem. As estratégias são o grande ativo dos professores – provavelmente, junto com o capital intelectual, o maior deles. Afinal, uma estratégia ativa de aprendizagem pode levar o estudante a desenvolver um conjunto de competências que, talvez, não conseguiria pelo ensino transmissivo.

As estratégias pedagógicas disponíveis neste livro podem ser classificadas em:

- **De quebra-gelo:** início de um novo tema, assunto, disciplina ou projeto.
- **De investigação de problemas:** análise, identificação de causas e consequências.
- **De solução de problemas:** tomada de decisão, criatividade e pensamento crítico.
- **De textos:** compreensão e interpretação.
- **De gestão da aula digital:** planejamento e acompanhamento do desenvolvimento do estudante.
- **De avaliação:** avaliação formativa.

É importante ressaltar que as estratégias podem ser aplicadas em diversos contextos, de diferentes formas e também combinadas e adaptadas conforme o professor desejar, inclusive nos ensinos híbrido e presencial.

Este livro foi elaborado de forma que você possa aplicar as estratégias pedagógicas de seu interesse. Por isso, buscamos a padronização e a uniformização na apresentação e na roteirização das estratégias, com o objetivo de torná-las didáticas e de fácil e rápida aplicação. Nesse sentido, criamos elementos de composição importantes para tornar o processo mais didático e intuitivo.

No elemento **competências**, são listadas as principais competências que podem ser desenvolvidas a partir das estratégias de aprendizagem. Destacamos que as competências indicadas devem ser utilizadas de acordo com os objetivos de aprendizagem das atividades e, ainda, que, apesar de indicar algumas competências, as estratégias, conforme adaptadas ao contexto dos estudantes, podem levar ao desenvolvimento de outras competências. Ou seja, a aplicação de determinada estratégia pode não se limitar ou ser restrita apenas ao que foi elencado. Neste livro, as competências são apresentadas em um sentido amplo, por isso aparecem como "Resolução de problemas", "Análise" e "Síntese". A correta aplicação depende da correlação do contexto e do conteúdo a ser aplicado, uma vez que a própria estratégia pode remeter a conteúdos procedimentais (ZABALA, 2007; 2010). O professor deve adaptar ao seu contexto, associando o conteúdo (conhecimento) e os aspectos atitudinais.

Para que você saiba exatamente como aplicar cada uma das estratégias, o elemento **mão na massa** evidenciará a sequência didática com o passo a passo. É claro que a descrição apresentada trata da forma como nós as utilizamos, de acordo com as especificidades dos estudantes e da nossa realidade de sala de aula digital. Portanto, fique à vontade para modificar, adaptar ou mesmo integrar novos elementos com base em sua realidade pedagógica.

O elemento **caixa de ferramentas** apresenta recursos que você pode utilizar para aplicar as estratégias de aprendizagem e "sair da caixa"! Aqui você encontrará indicações de *sites*, plataformas, aplicativos e uma variedade de possibilidades para fazer uso das estratégias em sua sala de aula digital. Além disso, procuramos ser cuidadosos na indicação de recursos amigáveis e intuitivos com possibilidade de utilização gratuita. A ideia de apresentar mais de uma opção de recurso ou ferramenta é para sugestão e análise. Verifique a viabilidade de uso que melhor se enquadra na sua área do conhecimento e no perfil do seu grupo de estudantes, por meio de uma combinatividade que ampliará o seu repertório.

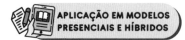

Optamos pelo caráter instrucional para que você se inspire e saiba exatamente como aplicar cada uma das estratégias nas salas de aula virtuais, mas também consideramos importante que consiga adaptá-las em modelos presenciais e híbridos. Por isso, no elemento **aplicação em modelos presenciais e híbridos**, descrevemos como empregar a mesma estratégia em contextos que vão além do ensino *on-line*, seja na educação básica, seja no ensino superior.

Neste elemento, fornecemos instruções de como **avaliar a experiência de aprendizagem** gerada pelas estratégias. Quando falamos de competências, nos referimos a três elementos imbricados: 1) o conhecimento; 2) as habilidades (conteúdos procedimentais); e 3) as atitudes. A avaliação deve contemplar esses três aspectos. Por exemplo, uma determinada competência pode exigir o conhecimento de gestão escolar, o procedimento de planejamento (ou análise) e as atitudes de trabalho em equipe e proatividade. Assim, a partir do que se quer que o estudante aprenda, ou melhor, desenvolva competências, deve-se pensar na avaliação. A partir do momento que sabemos onde queremos chegar, conseguimos criar medidas e evidências de aprendizagem que possam ser avaliadas a cada etapa do desenvolvimento do estudante em sua jornada de aprendizagem.

O elemento **dicas incríveis** apresenta um conjunto de orientações, possibilidades de ajustes ou mesmo aspectos agregadores capazes de potencializar a estratégia para tornar a aprendizagem mais ativa e significativa para o estudante. Afinal, assim como você, professor, o que mais queremos é o desenvolvimento de pessoas críticas, reflexivas, criativas, capazes de solucionar inúmeros problemas e contribuir, efetivamente, para o desenvolvimento da sociedade.

Acreditamos que, como educadores, precisamos nos reiniciar, rever e atualizar nossas práticas, estabelecendo acordos para atender às novas necessidades, focando em nossa capacidade de aprender e transformar ideias em realidade. Para muitos de nós, professores, a educação é mais do que uma profissão, é propósito de vida.

PARTE I

A sala de aula digital

1

A sala de aula digital

Você já parou para imaginar como serão as salas de aula do futuro? Serão presenciais, *on-line*, *hyflex*, híbridas? Pensar nos recursos que estarão disponíveis, quais formatos serão aplicados e, principalmente, quais relações serão estabelecidas diante das novas possibilidades é algo muito motivador e, também, desafiador.

Com a democratização da internet, muito se tem falado sobre as transformações que ocorrerão no futuro. Diversas projeções foram feitas sobre a criação e a incorporação de novas tecnologias e recursos, e, é claro, sobre a necessidade iminente da aplicação de novas práticas pedagógicas em salas de aula digitais.

Ser digital vai muito além do aparelhamento tecnológico. Trata-se sobretudo de uma mudança genuinamente paradigmática refletida na cultura e no *mindset*. Não depende unicamente da incorporação de ferramentas tecnológicas educacionais ou mesmo da automatização de uma série de atividades previstas no cotidiano educativo, mas de como os profissionais da educação são capazes de introjetar esse modelo. Em síntese, refere-se ao desenvolvimento do conjunto de atividades previstas por meio do suporte tecnológico, que se integram e se interconectam, de modo a otimizar os processos, favorecer e intensificar a aprendizagem dos estudantes.

O conceito de digital não diz respeito somente aos efeitos e às possibilidades que um recurso tecnológico pode apresentar, mas como seu uso atravessa as relações, as formas de pensar e de fazer, e como pode afetar, em maior ou menor escala, todos os aspectos da atividade humana.

Assim, podemos afirmar que a concepção de sala de aula digital nasce no contexto da cultura digital – ou do que chamamos de cibercultura. A cultura digital refere-se a esta nova forma de vida coletiva, desenvolvida a partir da expansão dos usos das redes de computadores. Com relação a esse aspecto, Lévy (2009, p. 43) afirma que "[...] cibercultura é um neologismo que engloba um amplo conjunto de técnicas, práticas, comportamentos, modos de pensamento e construção de valores, que se originam e que se desenvolvem em consonância com o crescimento do ciberespaço". Isso quer dizer que a cibercultura agrega comunidades *on-line*, redes sociais, jogos *on-line* massivos, produção criativa, solução colaborativa de problemas, conhecimentos construídos coletivamente, etc.

Nesse contexto, é preciso ter claro que a mera inserção de aparatos tecnológicos para transmissão de conteúdo do mesmo modo que já ocorre não garante maior aprendizado. Assim, refletir sobre a cultura digital na educação trata-se de levar em consideração esse novo sujeito, um praticante cultural que produz seus saberes, compartilhando conteúdos, informações e opiniões nas redes existentes. Ao abordar a cultura digital, o Ministério da Educação corrobora com essa ideia, afirmando que:

> Esses novos jeitos de aprender, nos dias de hoje, escapam ao modelo hierárquico, sequencial, linear e fechado em apenas um turno escolar. Compreendem a ideia de rede no ato de conhecer, alterando formas e jeitos de aprendizagem e interpelando-nos a pensar novas formas de escolarização e de fazer cultura (BRASIL, 2009, documento *on-line*).

Se, no passado, os recursos digitais presentes nas escolas e universidades eram apenas relacionados a instalação de redes e sistemas, digitalização do acervo, criação de *websites* e redes sociais, uso de catracas eletrônicas ou mesmo disponibilização de laboratórios de informática, com a transformação digital, as instituições têm de passar a se movimentar mais rapidamente, adaptando-se com mais facilidade, tornando-se cada vez mais flexíveis e personalizadas, em uma nova modelagem que reestruturará a rotina e os processos pedagógicos, bem como os percursos dos profissionais.

Como podemos perceber, a concepção de sala de aula digital requer compreendê-la de modo mais amplo, visto que esse espaço virtual de aprendizagem integra seus elementos constitutivos, como as ferramentas e as metodologias, com um propósito educacional, isto é, a intencionalidade educativa.

Disponibilizar uma **sala de aula digital** significa apresentar uma sala de aula imersa em tecnologia, na qual são usados aplicativos, *sites* educacionais e outros recursos a fim de potencializar o aprendizado dos estudantes de forma flexível, por meio de um processo de colaboração que transcende a necessidade do espaço físico. Isso implica a otimização dos recursos educacionais voltados à aprendizagem e, também, a compilação dos resultados da aprendizagem para análise e tomada de decisão. **Uma sala de aula física poder ser tão digital quanto uma sala de aula virtual.**

Podemos considerar, ainda, que a concepção de sala de aula digital possibilita aos pais e estudantes o acompanhamento do progresso da aprendizagem em tempo real, permitindo, por exemplo, que verifiquem o *status* de tarefas pendentes ou acessem *links* e de outros materiais (conteúdos digitais) de enriquecimento disponibilizados para ajudar e impulsionar os estudos.

Além disso, os professores podem criar enquetes para *feedback* imediato e avaliar o engajamento e as estratégias pedagógicas ao término das atividades, bem como utilizar outros recursos, como quadro, laboratórios virtuais, gamificação, entre outros.

Com os componentes curriculares definidos e a intencionalidade educativa clara, para transformar a sala de aula em digital cabe a integração de recursos, tecnologias, metodologias, foco no desenvolvimento de competências e habilidades, análise de indicadores gerados pelas evidências, de modo que **trabalhem em conjunto** com o objetivo de fornecer o máximo de benefícios, melhorar os resultados do aprendizado e otimizar o tempo do professor e de outros setores da instituição de ensino, preparando os estudantes para as necessidades sociais atuais.

Figura 1.1 Elementos da sala de aula digital.

Cabe, aqui, um ponto de atenção: quando nos referimos à sala de aula digital, não podemos reduzir a compreensão à sala de aula virtual, ou mesmo à aprendizagem telepresencial. Embora estejam inseridos em um mesmo contexto, é preciso considerar que cada termo apresentado tem suas especificidades. Para auxiliar em sua compreensão, abordaremos a seguir esses conceitos.

APRENDIZAGEM TELEPRESENCIAL E SALA DE AULA VIRTUAL

A **aprendizagem telepresencial** é o resultado de um **processo de ensino e aprendizagem** intencional que ocorre por meio da reunião de professores e estudantes, conectados de forma síncrona, em uma sala de aula virtual.

O termo telepresencial, devido à influência dos "telecursos" muito utilizados no Brasil a partir da década de 1970, pode nos remeter a algo antigo. É preciso, no entanto, ter a clareza dos conceitos que circulam neste contexto.

O termo **telepresencial** é a integração de "tele", de telemática, e presencial, que se origina da palavra "presença". No dicionário Priberam (2020), o termo é apresentado como "[...] relativo a ou em que há interação ou contato em direto através das telecomunicações, podendo ser nomeadamente de teleconferência".

O esquema a seguir explicita a abordagem da aprendizagem telepresencial:

TELEMÁTICA	**+**	**PRESENCIAL**

Trata-se da integração da palavra **telecomunicação** (serviços de telefonia, fibra óptica, satélite, cabo, etc.) com **informática** – (*softwares*, computadores, sistemas de redes, periféricos, etc., e de qualquer sistema capaz de transmitir algo por meio de redes, seja no formato de texto, imagem ou som. Logo, a telemática nada mais é que a **tecnologia** que **possibilita a comunicação** remota entre serviços de informática por meio de redes de telecomunicações.

Presença é a condição de algo ou alguém que está em determinado lugar específico, pertencente a pessoa presente ou pessoalmente, em outras palavras, refere-se ao fato de uma pessoa ou grupo, estar em um lugar específico de forma síncrona.

=

APRENDIZAGEM TELEPRESENCIAL

APRENDIZAGEM TELEPRESENCIAL – trata-se do resultado de um **processo de ensino e aprendizagem** intencional que ocorre por meio da reunião de professores e estudantes, conectados de forma síncrona, em uma sala de aula virtual.

Já a **sala virtual,** também chamada de sala *on-line,* refere-se especificamente à **ferramenta de encontro** que permite as interações entre professores e estudantes de forma síncrona. Quanto mais robusta a sala virtual em termos de possibilidades de uso, melhores condições ela tem de garantir aprendizagem telepresencialmente.

O ensino remoto emergencial, tão difundido na pandemia de covid-19, conceitualmente se trata de aprendizagem telepresencial. Erroneamente, muitos usaram o termo "sala virtual" como um sinônimo, mas, na verdade, a sala virtual é parte da aprendizagem telepresencial.

Conectar sincronamente estudantes e professores de diferentes locais em um ambiente virtual é um modelo pedagógico cada vez mais utilizado em decorrência da necessidade de flexibilização e de novas possibilidades de aprender que surgem na atualidade. E, diferentemente das salas de aulas convencionais, a tecnologia facilita o acesso a recursos de aprendizagem e redes, tornando mais fácil que os estudantes acompanhem seu progresso e que os professores destaquem o trabalho dos alunos em uma atividade telepresencial.

ESTRATÉGIA DE CONDUÇÃO PARA ATIVIDADES TELEPRESENCIAIS

A gestão da sala de aula, seja ela presencial ou telepresencial – ou, melhor, física ou virtual –, é fundamental, e cada contexto tem especificidades que devem ser respeitadas. Para auxiliar o docente na gestão da sala, elaboramos um quadro de orientação para condução das atividades telepresenciais e definimos quatro passos fundamentais: 1) *check-in*; 2) guia da aula; 3) aplicação de atividades; e d) fechamento e avaliação.

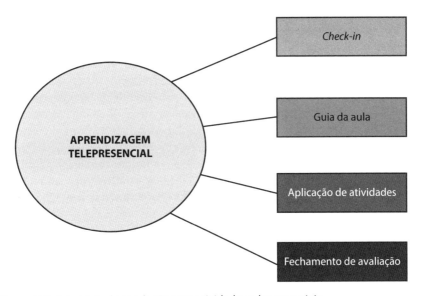

Figura 1.2 Estratégia de condução para atividades telepresenciais.

Check-in: trata-se do momento inicial da atividade, em que o docente aguarda, em média, 5 minutos para que todos ingressem na sala de aula. É comum que, ao iniciar, os estudantes deixem o microfone aberto, tenham alguma dificuldade de abrir a câmera ou mesmo alguma questão em relação à conectividade. Reservar um tempo para que eles ingressem e sintam-se confortáveis é muito importante. Nesta fase, também é recomendável iniciar com um bate-papo informal, questionando sobre os acontecimentos da semana, como se sentem ou outro assunto de interesse da turma. A recomendação é manter uma postura de escuta.

Guia da aula: após os minutos iniciais reservados para o ingresso dos estudantes, o docente deve apresentar as atividades planejadas para aquela aula. A ideia é tecer os combinados de aprendizagem e alinhar as expectativas em relação às tarefas que irão compor a atividade pedagógica. O contrato de aprendizagem, ou seja, a definição das normas e regras que irão nortear a atividade formalmente estabelecida, torna-se uma ferramenta útil para consultar no início de uma aula ou quando surgem problemas. Esta etapa é importante, pois, ao antecipar os principais pontos da aula, os estudantes tendem a permanecer em estado de atenção para que consigam acompanhar todas as atividades previstas. Caso o professor não varie suas estratégias e recursos e adote uma prática essencialmente transmissiva, os alunos tendem a ficar menos motivados a participar de forma ativa.

Aplicação de atividades: com o *check-in* feito e o guia da aula apresentado, cabe ao docente conduzir as atividades conforme o planejado. É fundamental variar os recursos e as estratégias, pois, com tantas possibilidades disponíveis, é inadmissível ofertar apenas a aula expositiva, tendo a memorização como único recurso de aprendizagem. Por isso, a organização e a estruturação da sala de aula digital devem estar ancoradas na possibilidade de combinatividade e diferentes formas de composição, qualificando a interação com os estudantes. É importante que o professor sempre priorize as atividades que possam ser evidenciadas.

Fechamento e avaliação: após aplicada a sequência didática, o docente deve fazer o fechamento da atividade, consolidando o processo de aprendizagem. Além disso, os ciclos de *feedback* em ambientes digitais podem ocorrer de modo mais ágil e personalizado (por aluno, por aula, por ambiente virtual de aprendizagem, trabalho individual ou em grupo, etc.). Recomenda-se, ainda, que o professor consulte os estudantes sobre suas percepções em relação à sequência didática. Para estimulá-los a compartilhar seu *feedback*, pode-se apresentar frases com "que bom", "que pena" e "que tal?".

Destaca-se que são as decisões que tomamos enquanto os estudantes estão aprendendo que fazem a diferença no processo de aprendizagem. Ao fornecer estratégias alternativas, os ajudamos a trabalhar uns com os outros para que avancem juntos na aprendizagem, enquanto avaliamos formativamente nosso impacto, que é importante. As estratégias apresentadas neste livro podem ser utilizadas para diversos momentos. Os elementos de composição também apresentam, imbricados, esses quatro passos fundamentais.

Outro ponto que é preciso destacar refere-se à clareza do que significa ser um aluno *on-line* em uma atividade telepresencial. Os estudantes precisam saber que, quando as interações entre os colegas não estão tão presentes, o professor tem de desenvolver outras habilidades de acompanhamento e observação, acabando por dar uma ênfase exagerada ao conteúdo e à repetição. Isso nos leva a pensar no novo papel do professor no contexto da sala de aula digital, nas novas atribuições ou, ainda, na atualização do que é ser professor, com a digitalização da aprendizagem, independentemente da modalidade de ensino.

Diante do fato de que grupos interagem de acordo com as normas estabelecidas, é preciso deixar muito claras as especificidades de uma atividade pedagógica em uma sala de aula digital. Na obra *The distance learning playbook, grades K-12: teaching for engagement and impact,* Douglas Fischer, Nancy Frey e John Hattie (2020, p. 33-34) apresentam um conjunto de orientações relevantes a serem seguidas em salas de aula digitais:

- Otimize os aspectos de interação social.
- Verifique a compreensão (ouça ainda mais o *feedback* dos alunos sobre a sua aprendizagem quando não tem as dicas habituais das salas de aula).
- Certifique-se de que haja um equilíbrio entre o conhecimento e o pensamento (muitas vezes o *on-line* favorece o primeiro em relação ao segundo).
- Os professores precisam de um sinal para chamar a atenção dos alunos no início da aula, quando eles estão conversando com os colegas ou durante a transição de uma atividade para outra.
- Os sinais devem ser ensinados diariamente durante a primeira semana de aula e reforçados com frequência até que os alunos respondam rápida e consistentemente.
- O uso de um sinal para ganhar atenção promove o envolvimento do aluno, minimizando a quantidade de tempo de instrução perdido.
- Use um cronômetro *on-line* para controlar o tempo de realização das tarefas que os alunos irão completar em tempo real. Isso sinaliza a eles como usar melhor o tempo restante para concluir o trabalho independente, como a escrita reflexiva.
- Muitas plataformas de sala de aula virtual apresentam temporizadores para salas de grupos pequenos. Certifique-se de que os alunos estejam cientes desses recursos para que possam monitorar o uso do tempo na aprendizagem em pequenos grupos.

- Crie procedimentos para os alunos recuperarem os materiais de aula. Poucas coisas são mais frustrantes do que tentar descobrir onde encontrar materiais para aulas *on-line*.

- Rotule as pastas digitais com clareza por data e tópico, a fim de que os alunos possam localizá-las facilmente.

- Identifique o que precisa ser impresso com antecedência para uma atividade *on-line*.

- Crie procedimentos sobre como os alunos enviarão as tarefas. Ao longo do ano letivo, eles farão muitas tarefas. Invariavelmente, alguns desses documentos não terão informações importantes, como nome ou data.

- Ensine aos alunos um sistema para organizar suas tarefas a fim de facilitar a manutenção de registros, por exemplo, como nomear corretamente um arquivo para que você (e eles) possam localizá-lo rapidamente. O título do documento deve conter o sobrenome do aluno, o nome do curso, projeto ou disciplina e uma descrição de uma ou duas palavras.

Atualmente, assumir a responsabilidade de ensinar implica rever a própria prática pedagógica cotidianamente, sendo necessária uma adequação do trabalho do docente de forma que passe a ser uma abordagem mais criativa e ativa, com centralidade no estudante, seja em contextos presenciais, *on-line* ou híbridos.

A SALA DE AULA DO FUTURO É DIGITAL E CADA VEZ MAIS HÍBRIDA

Precisamos compreender que a ideia de **sala de aula física** como único espaço legítimo de aprendizagem não se sustenta no mundo atual, na era conectada, em rede. A geração que hoje chega à sala de aula busca o uso de recursos tecnológicos juntamente com os físicos para otimização do próprio aprendizado.

Hoje "**sala de aula**" é **meramente uma nomenclatura** para referir-se ao local de encontro formal entre alunos e professores para a aprendizagem. Com a abertura de caminhos para arranjos pedagógicos mais flexíveis, o local específico onde o aluno está será cada vez mais um elemento trivial e insignificante; assim, a sala de aula do futuro será digital e cada vez mais híbrida.

O modelo de ensino híbrido, ou *blended learning*, foi apresentado pelo Instituto Clayton Christensen e tem sido altamente disseminado com o intuito de prover uma metodologia que integra o **método convencional** – presencial, em sala de aula e com a interação do professor – com o **aprendizado *on-line***, que utiliza as tecnologias digitais a fim de possibilitar o acesso ao conhecimento com o controle do tempo e do ritmo por parte do estudante. Em outras palavras, mistura atividades *on-line* com atividades *off-line,* mantendo o foco na personalização do aprendizado do estudante.

Em síntese, no momento *off-line,* o aluno realiza atividades convencionais, como estudo em grupo, resolução de atividades, trocas de saberes com o professor e o grupo. Trata-se, de modo geral, daqueles momentos em que são valorizados a interação e o aprendizado coletivo e colaborativo de maneira **presencial**. Já no momento *on-line,* o aluno consegue controlar os elementos do seu estudo, como o tempo, o modo, o ritmo ou o local, da maneira que considera suficiente para aprender e aproveitando o potencial que os recursos tecnológicos oferecem.

Destaca-se que o momento *on-line* é mais flexível, e sua estruturação pode ocorrer em momentos **síncronos** e **assíncronos**, ou seja, em situações em que professores e alunos trabalham juntos em um horário predefinido ou em horários mais flexíveis. No modo **síncrono**, todos os estudantes devem realizar atividades ao mesmo tempo e em tempo real – por exemplo, aula ao vivo, fóruns, bate-papo, etc. Já no modo assíncrono, cada aluno pode acessar os conteúdos dos módulos de aprendizagem em seu próprio tempo e ritmo – por exemplo, leitura do texto, resolução de atividades, etc.

Atualmente temos **quatro principais modelos de ensino híbridos**, são eles: modelo de rotação, modelo flex, modelo à la carte e o modelo virtual enriquecido.

Com a oferta de modelos pedagógicos mais flexíveis, podemos, inclusive, programar um momento para que os estudantes trabalharem em seus projetos pessoais, onde e como quiserem, com práticas do tipo "a hora do gênio".

A flexibilidade vem sendo difundida não apenas na aprendizagem, mas também no mundo do trabalho. Engenheiros do Google têm permissão para passar até 20% do tempo em qualquer projeto de seu interesse. Isso ocorre porque a empresa acredita que, ao permitir que os profissionais trabalhem em algo que lhes interessa, acabará por levar a uma melhor produtividade. Para citar alguns exemplos de sucesso, o Gmail e Google Notícias são frutos desse modelo de gestão.

Assim, espera-se que escolas e universidades possam incorporar em suas práticas pedagógicas momentos em que os alunos encontrem um espaço de criação a partir de seus interesses.

No entanto, os aprendizados ocasionados pela necessidade de flexibilização e adaptabilidade no cenário atual vêm evidenciando que esses modelos são insuficientes para abarcar todas as diversas possibilidades de combinações que a integração entre presencial e *on-line* pode oferecer.

Combinações com a previsão da criação de objetos de aprendizagem como o *microlearning*, vídeos, conteúdos em áudios, ensino presencial, ensino telepresencial, atividades síncronas e assíncronas, ambiente virtual, laboratórios de simulações virtuais, roteirização de atividades, semanas de imersões presenciais e *on-line*, *meetups,* etc., são apenas alguns exemplos que podem ser incorporados e representam na prática a concepção de sala de aula digital.

Ensino Híbrido			
1 Modelo de Rotação			

Ocorre por meio de um revezamento de atividades propostas pelo professor que podem variar de acordo com os objetivos de aprendizagem e especificidades do conteúdo, disciplinas, faixa etária dos estudantes e recursos físicos disponíveis. No modelo de rotação existem três formas de organização que integram momentos que necessitam da interação com o professor e do grupo de forma presencial, com as atividades organizadas e disponibilizadas pelo uso de recursos tecnológicos e, portanto, *on-line*. São eles:

Rotação por estação	Laboratório rotacional	Sala de aula invertida	Rotação individual
Os alunos são divididos em grupo, e, para cada grupo, são distribuídas atividades diferentes. Para que todos os grupos realizem as atividades, ocorre o revezamento, que pode ser fixo ou alternado. Os desafios devem ocorrer de forma independente, mas, por se tratar de um ensino híbrido, sempre uma das estações deverá ser de atividades *on-line*, que independem do acompanhamento direto do professor.	Este modelo é muito próximo da rotação por estação, mas os estudantes revezam as atividades em espaços diferentes, desde que sejam com atividades que necessitam de laboratório. É uma prática que favorece o aprendizado personalizado.	Na sala de aula invertida, ou, mais popularmente, *flipped classroom*, os estudantes precisam estudar o conteúdo previamente, em casa, e, na sala de aula, apenas praticam o que foi aprendido. Trata-se de uma das premissas do ensino híbrido.	A rotação individual ocorre por meio de revezamento de atividades, mas de forma individual, ou seja, o professor determina um conjunto de atividades a serem realizadas, e os estudantes as executam no seu tempo.

(Continua)

(Continuação)

2 Modelo Flex

No modelo flex, os estudantes recebem um conjunto de atividades a serem realizadas – um roteiro adaptado individualmente –, mas o foco é o ensino é *on-line*, mesmo que em outros momentos os alunos sejam direcionados às salas de aulas, por isso é um modelo personalizado. O aluno segue com as atividades no seu ritmo, e o professor fica à disposição para dar explicações pontuais, conforme a necessidade de cada estudante. Os cursos/disciplinas são disponibilizados de forma *on-line*.

3 Modelo à la Carte

O modelo à la carte é uma abordagem na qual o estudante elabora o seu programa de estudos em parceria com o professor. Este auxilia as escolhas dos estudantes e estabelece o que deve ser cumprido com base nos objetivos de aprendizagem; para isso, os alunos selecionam a ordem e o local em que devem realizar, e pelo menos uma disciplina ou curso do programa deve ser inteiramente *on-line*. A parte *on-line* pode ser desenvolvida em casa, na escola ou em outro local de preferência do estudante.

4 Modelo Virtual Enriquecido

O modelo virtual apresenta o conteúdo de forma presencial, mas é enriquecido por atividades *on-line* sobre o conteúdo que está sendo trabalhado. Existe uma divisão do tempo entre a aprendizagem *on-line* e a presencial.

A sala de aula digital é a resposta para essa necessidade justamente por ser esse espaço de interação, reflexão, pensamento crítico, criatividade e resolução de problemas. Mais do que uma sala de aula física, pode representar a fusão do presencial ao digital, ou, ainda, a otimização da educação e do trabalho docente, mediado e auxiliado por tecnologias, de modo a favorecer o aprendizado dos estudantes para a vida.

Uma **pedagogia adequada** à sala de aula digital integra novas modelagens e arquiteturas pedagógicas, desenvolvendo atividades individuais e em grupo, definindo os modos de gestão e condução docente na sala de aula virtual, na aprendizagem telepresencial, presencial e *hyflex*, aplicando diferentes metodologias, integrando recursos digitais para qualificar as relações e interações de ensino e aprendizagem.

Apenas para que conste, é importante mencionar que o modelo *hyflex* não se trata apenas de transmitir a aula "presencial" do professor por meio da sala virtual, como também não se refere unicamente à disponibilização de conteúdos digitais no ambiente virtual de aprendizagem, na expectativa de que o estudante irá estudar e aprender sozinho, como complementação ao físico. Vai muito além desse conceito e, de fato, integra o digital ao presencial pelo uso de recursos tecnológicos. Pode, assim, por exemplo, com uso de robôs e câmeras, proporcionar ao estudante digital a experiência da sala de aula física e, ao estudante da sala de aula física, a experiência do digital. Sob essa ótica, para flexibilizar e otimizar a aprendizagem, é preciso de nova modelagem educacional e acadêmica, que articule o digital ao presencial (modelagem híbrida), que contemple diferentes estratégias de ensino, métodos de avaliação e evidências de aprendizagem. É preciso usar de maneira inteligente, combinada e articulada, o melhor da educação digital e com o melhor da educação presencial.

Tornar a aprendizagem significativa e efetiva, ou, ainda, fazer da sala de aula digital uma experiência de aprendizagem que leve professores e estudantes a desenvolver potencialidades que vão ao encontro das necessidades da sociedade é um dos desafios da educação brasileira. E a sala de aula digital representa o ponto de ancoragem da aprendizagem nessa jornada transformacional para o desenvolvimento de competências e habilidades dos estudantes da educação básica e ensino superior.

2
A mudança no papel do professor na aprendizagem digital

O Fórum Econômico Mundial ocorrido em Davos, em 2016, apontou que a automação e a robotização poderiam substituir algumas profissões e ocupações, principalmente aquelas que têm um número maior de tarefas repetitivas e operacionais (WORLD ECONOMIC FORUM, 2016). No entanto, a profissão de professor foi apontada como uma das últimas a ser substituída. A pandemia da covid-19 ilustrou e corroborou os dados do Fórum Econômico Mundial.

Harari (2018, p. 320), em *21 lições para o século 21*, expõe:

> Atualmente, é enorme a quantidade de escolas que se concentram em abarrotar os estudantes de informação. No passado isso fazia sentido, porque a informação era escassa. [...] a última coisa que um professor precisa dar a seus alunos é informação. Eles já têm informações demais. Em vez disso, as pessoas precisam ter a capacidade para extrair um sentido da informação, perceber a diferença entre o que é importante e o que não é, e acima de tudo combinar os muitos fragmentos de informação num amplo quadro do mundo.

Esse perfil tradicional, marcado pela centralidade do conteúdo, foi importante em um momento que não se tinha tantos recursos como hoje. Com a utilização da automação, transformação e obsolescência contínua de habilidades, as instituições educacionais já perceberam que oferecer uma experiência de aprendizagem digital é uma alternativa capaz de promover uma aprendizagem contextualizada, significativa e centrada nas pessoas.

Historicamente, mudanças e tendências na educação brasileira surgiram imbricadas a novas concepções, intimamente ligadas com o ideário social de um determinado processo histórico. Nesse contexto, surgiram escolas mais ativas, instituições mais técnicas e outras mais críticas, cada qual no seu momento, coexistindo, se reinventando e contribuindo para a sociedade. Apesar de novos modelos surgirem, não ocorre a exclusão de um para o aparecimento do outro, nem a sobreposição ou substituição de um em detrimento do outro.

Com a aceleração da digitalização das profissões, é possível refletir sobre um novo perfil docente, antes mero transmissor de conteúdos, agora no centro da aprendizagem. O novo profissional deve assumir diferentes papéis: ora é gestor, ora é mediador, ora é facilitador ou orientador, com a possibilidade de otimizar suas atividades e tarefas por meio do uso de recursos e tecnologias. Algumas das diferentes funções assumidas com a transformação no papel do professor são listadas a seguir.

- **Gestor da aprendizagem:** mais do que transmitir conteúdos e planejar antecipadamente disciplinas e projetos, o professor deve articular conteúdos (conhecimento) com competências e habilidades. Como gestor, precisa efetivamente acompanhar o estudante e seu progresso, bem como avaliá-lo e indicar oportunidades de melhorias.

- **Mediador e facilitador:** cabe ao professor mediar e facilitar a aprendizagem. O uso de metodologias ativas vai ao encontro dessa necessidade, uma vez que possibilita interação mais próxima entre professores e estudantes. Dessa forma, o professor tem a oportunidade de ser uma influência positiva na vida do estudante, evidenciando aspectos comportamentais que auxiliam a aprendizagem para a vida.

- **Uso de novos recursos:** é papel do professor refletir sobre o uso e a aplicação de novos recursos, integrando o físico ao digital. As ferramentas digitais o auxiliam no processo, como meio, mas o objetivo deve ser sempre a aprendizagem do estudante. Nesse sentido, as metodologias ativas de aprendizagem, como recurso, podem ser combinadas e integradas de diversas formas, potencializando e otimizando a aprendizagem. Para fazer do estudante protagonista, é preciso instrumentalizar o docente.

- **Relacionamento:** outro papel relevante para o professor é o da gestão do relacionamento com o estudante. O desenvolvimento do relacionamento é essencial para a aprendizagem, pois quanto mais o estudante se sentir à vontade na interação, maior é a chance de o professor influenciar positivamente seus estudos e menores são as chances de evasão.

- **Orientador:** a partir da avaliação formativa, do uso de *feedback*, o professor passa a ter papel de orientador. Assim, é preciso torná-lo capaz de acompanhar, de avaliar, de dar *feedback* e de proporcionar mudanças de *mindset* que contribuam efetivamente para o crescimento pessoal e profissional dos alunos.

É importante destacar que as expectativas em relação a esses diferentes perfis profissionais estão intimamente atreladas às concepções do que a sociedade compreende e almeja em relação ao modelo educacional, bem como a sua capacidade transformacional a partir da educação.

Muitas instituições de ensino já entenderam que para aprender não é preciso estar 100% do tempo no mesmo local. No entanto, a pandemia da covid-19 evidenciou que a aprendizagem ocorre por meio do convívio social, em grupo. Ou seja, a presença do professor, das técnicas e estratégias utilizadas por ele fomenta o aprendizado coletivo com e entre os estudantes. A interação potencializa a criatividade! E esta pode ser estimulada com o uso de recursos digitais. Em um momento no qual nada é previsível, é natural que surjam novas práticas, novas formas de viver, de gerenciar o conteúdo, de organizar e, principalmente, planejar as atividades tendo em vista a experiência do estudante. O quanto sabemos é menos importante do que o quanto estamos aprendendo.

O cenário atual exige a criação de produtos e serviços, a utilização de novas tecnologias, o emprego da inteligência artificial e, ainda, comportamentos que demandam habilidades que vão muito além do conhecimento técnico. Por isso, a capacidade de criar pode gerar respostas para os desafios que estão por vir.

Ao incentivar e destacar a integração das tecnologias nos processos de ensino e de aprendizagem, queremos que fique claro que não se trata apenas de aparelhar as escolas, mas de desenvolver competências que atendam às necessidades atuais da nossa sociedade. Quando falamos em novos papéis do professor na aprendizagem digital, consideramos a integração das tecnologias digitais na sala de aula, com propostas pedagógicas inovadoras de ensino, o *learning by doing*, aprender fazendo, alternativa relevante para orientar os processos de aprendizagem.

As pessoas têm uma imensa capacidade de aprender, de transformar e de materializar ideias. Com os professores não é diferente, trata-se de uma profissão transformadora, e muitos a relacionam ao seu propósito de vida.

Como se vê, as transformações nos levam a repensar o papel do professor, que passa a ter um novo conjunto de tarefas e atribuições, colocando-o também no centro da aprendizagem. Assim como o estudante, o docente também passa a ser protagonista, atuando de diversas maneiras.

Conforme ressalta De Masi (2018, p. 319), "[...] entre os muitos ensinamentos de John Dewey, considero o mais precioso de todos aquele em que diz: educar significa enriquecer as coisas de significado. A experiência precisa ser rica de significados, a ponto de nos deixar felizes".

Tornar a trajetória do estudante significativa é uma tarefa que exige do professor mais do que transmitir conteúdos, levando-o a repensar e a adotar práticas capazes de atender às demandas da sociedade.

Portanto, repensar a educação é repensar o papel do professor, atribuir novo sentido, de modo a tornar a aprendizagem visível na sala de aula digital. Para um ecossistema de mudança, é preciso instrumentalizar os profissionais, criar redes de colaboração entre os pares e reposicioná-los de modo que sejam valorizados. Afinal, como menciona Marjo Kyllönen (*apud* OLIVEIRA, 2015, documento *on-line*), "[...] se quisermos desenvolver uma nova geração, com novas habilidades e competências para o futuro, precisamos repensar a educação".

3

Aprendizagem visível na sala de aula digital

O principal objetivo das instituições educacionais é fazer o estudante se apropriar do conhecimento historicamente acumulado. Sabemos que um único instrumento avaliativo, como o formato prova, por exemplo, não é suficiente para comprovar o aprendido durante todo o processo. Diante disso, como sabemos o que sabemos? Como sabemos o que funciona *mesmo* na educação? Como sabemos o grau de impacto na aprendizagem? Como a aprendizagem pode ser visível aos professores?

A jornalista Stéphanie Habrich (2021) menciona que é necessário saber separar o discutível do indiscutível. O acontecimento das ideias pessoais nos chama a atenção sobre a necessidade de separar os fatos de opiniões, ou seja, de evidenciar a aprendizagem dos estudantes.

Etimologicamente, "evidência" significa clareza, transparência, algo incontestável. O dicionário Michaelis (2020, documento *on-line*) afirma "[...] qualidade ou caráter daquilo que é evidente, incontestável, que todos veem ou podem ver e verificar e que não deixa dúvidas [...] constatação de uma verdade, de conhecimento que, pelo grau de clareza, não suscita nenhuma dúvida".

Segundo Thomas e Pring (2007) e Oliveira (2014), evidência é informação que sustenta (ou refuta) uma afirmação e deve passar pelo teste da relevância. Isso significa que um fato só pode ser considerado uma evidência se for confirmado.

Nesse sentido, podemos afirmar que uma evidência de aprendizagem é capaz de apresentar o que um estudante aprendeu, tornando o processo de aprendizagem visível. Por isso, primeiramente cabe ao docente definir como pode ter acesso ao que os estudantes estão aprendendo e como coletar essas informações durante a aprendizagem, tornando esse processo visível. Com base nos estudos de Jonh Hattie (2017, p. 1), o aspecto "visível" se refere, primeiro, a

> [...] tornar a aprendizagem do aluno visível aos professores, assegurando a iden-
> tificação clara dos atributos que fazem uma visível diferença na aprendizagem
> dos alunos e levam todos na escola a reconhecer visivelmente o impacto que eles
> apresentam na aprendizagem (dos alunos, dos professores e dos líderes escolares).
> O aspecto "visível" também se refere a tornar o ensino visível aos alunos, de modo
> que eles aprendam a se tornar seus próprios professores, que é o atributo central da
> aprendizagem ou da autorregulação ao longo de toda vida e do amor pela aprendi-
> zagem que nós tanto queremos que os alunos valorizem.

Assim, propõe-se a implementação de uma abordagem capaz de fornecer subsídios que assegurem a identificação clara dos atributos que fazem a diferença na
aprendizagem dos estudantes, pois, quando o professor consegue perceber e comunicar se de fato o estudante aprende (ou não) pelas evidências geradas, é capaz de
intervir e redirecionar o processo, concatenando esforços com base na intencionalidade pedagógica – **a aprendizagem visível**. De acordo com Hattie (2017, p. 14),
o ensino e a aprendizagem visíveis ocorrem,

> [...] quando há uma prática deliberada destinada a obter o controle sobre o objetivo,
> quando há *feedback* fornecido e recebido e quando há pessoas ativas e apaixona-
> das envolvidas (professores, alunos, pares) participando no ato da aprendizagem.
> [...] o que os professores fazem faz a diferença – mas o que *mais* importa é ter uma
> atitude adequada em relação ao impacto que eles apresentam. [...] Uma atitude ade-
> quada combinada a ações adequadas trabalham juntas para alcançar um efeito posi-
> tivo na aprendizagem.

Segundo Hattie (2017), quando o ensino e a aprendizagem são "visíveis" –
isto é, quando fica claro o que os professores estão ensinando e o que os alunos
estão aprendendo, naturalmente ocorre um processo de retroalimentação da
motivação em aprender, tanto do professor quanto do aluno. Além disso, o autor
afirma que cada intervenção gera algum efeito no desempenho. Nesse sentido,
é necessário fazer mais aquilo que gera impacto positivo, ou seja, mais do que dá
certo. Trata-se de implementar as melhores práticas, metodologias e estratégias
pedagógicas.

Embora essa ideia pareça uma obviedade, é preciso ter clareza sobre o que faze-
mos e, de fato, funciona, ou seja, é necessário evidenciar as estratégias e inovações
que funcionam melhor e onde devem ser concentrados os esforços para melhorar o
desempenho dos estudantes. Muitas vezes, não precisamos inventar a roda, pois ela
já existe. Precisamos apenas fazê-la girar.

Cuidar da experiência dos estudantes e potencializar ao máximo suas possibilidades de aprendizagem deve ser o principal foco do trabalho docente, pois criar condições motivadoras faz a diferença para efetivar a criatividade e a inovação na sala de aula e a construção de uma educação com base na vivência e na experimentação. Portanto, a avaliação deve ir ao encontro dessas necessidades.

Destaca-se que ensinar exige que os professores promovam intervenções deliberadas para garantir que ocorram mudanças na estrutura cognitiva do aluno. Nessa perspectiva, conforme apontado por Hattie (2017), existem alguns elementos-chave:

- Estar consciente dos objetivos de aprendizagem com a clareza sobre a identificação de quando o aluno é bem-sucedido em atingir aquelas metas.
- Conhecer suficientemente a compreensão prévia dos alunos antes de cumprir uma tarefa.
- Conhecer o conteúdo a ponto de fornecer experiências significativas desafiadora a fim de que ocorra algum tipo de desenvolvimento progressivo.

Muitas vezes, a experiência nos mostra que poucos estão conscientes dos objetivos de aprendizagem, das competências a serem desenvolvidas e, ainda, da compreensão prévia dos estudantes. Isso frustra professores, estudantes e instituição. É preciso usar diferentes estratégias e recursos para tornar esses elementos-chave visíveis, tangíveis, de modo que a aprendizagem efetiva seja acessível a todos.

Com tantos recursos disponíveis, é inadmissível ofertarmos apenas a aula expositiva, tendo a memorização como único recurso de aprendizagem ao estudante. Nesse sentido, ter um **portfólio de possibilidades**, ou seja, diversas evidências que o docente considera relevantes para atender os objetivos de aprendizagem na sala de aula digital é muito importante. A rubrica de avaliação pode ser considerada um instrumento de acompanhamento e *feedback*, ou, ainda, de tornar as evidências visíveis para todos. Outro recurso que contribui para tornar as evidências visíveis se trata do portfólio digital.

O professor pode eleger utilizar como evidência atividades objetivas e quantificáveis e atividades qualitativas para que o estudante também possa refletir sobre por que o aprendizado pode ou não estar ocorrendo. Afinal, conforme apontando por Hattie (2017, p. 15):

> O ato de ensinar envolve um professor que conheça uma variedade de estratégias de aprendizagem com as quais possa apoiar os alunos quando estes parecem não entender; possa proporcionar direção e reorientação em termos do conteúdo sendo aprendido e, portanto, maximizar o poder de *feedback*, e que também tenha a habilidade para "sair do caminho" quando aprendizagem estiver progredindo na direção de critérios de sucesso.

Quando falamos do novo papel do professor na aprendizagem digital, nos referimos também à apropriação dessa variedade de recursos e estratégias de aprendizagem, seja para a gestão da sala de aula digital, para o acompanhamento e avaliação, para a maximização do *feedback*, para a mediação ou para o desenvolvimento da autoconfiança do estudante, entre tantos outros aspectos já mencionados.

Independentemente da estratégia ou do recurso, o foco do professor deve ser a aprendizagem dos estudantes. Constatamos muito debate acadêmico focado no ensino e não o suficiente na aprendizagem. Há apresentação de estratégias "inovadoras", em alguns casos sem experimentação, vivência ou prática, em outros, reinventando o que já existe (p. ex., aprendizagem baseada em projetos), misturando-as e rotulando-as com nomes mercadológicos, esquecendo-se do principal, que é a aprendizagem dos estudantes a partir das evidências.

Desse modo, defendemos que cabe aos docentes criar experiências de aprendizagem significativas que proporcionem aos alunos oportunidades de aprender. Por isso, os professores não devem ter uma única estratégia de ensino e de aprendizagem. Devem se atentar para o fato de que um dos principais objetivos da atividade pedagógica é auxiliar a tornar a aprendizagem do estudante mais visível, e quando falamos, escrevemos, registramos e compartilhamos nossos pensamentos e conclusões, os processos cognitivos tornam-se evidentes.

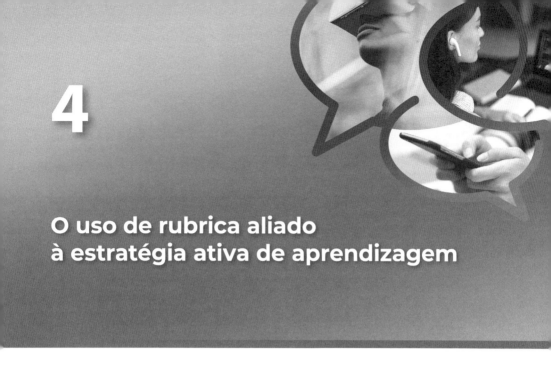

4
O uso de rubrica aliado à estratégia ativa de aprendizagem

Avaliar a aprendizagem do estudante ao longo de sua jornada escolar não é tarefa fácil. No sentido tradicional, tem-se a avaliação como resultado de uma aprendizagem voltada para a memorização de conteúdos, representada, principalmente, por meio de provas. Isso nos leva a duas reflexões: 1) os estudantes dedicam-se ao aprendizado momentos antes da avaliação (p. ex., no dia anterior); 2) em geral, depois de algum tempo, relatam "não recordar" o que aprenderam.

Tais reflexões evidenciam diversas lacunas nos processos de ensino e de aprendizagem e, ainda, de avaliação. Primeiro, porque se percebe que a aprendizagem, nesse cenário, não se volta para o ensino significativo, efetivo, ou seja, para o desenvolvimento de competências, articulando saberes com aspectos atitudinais (comportamentais) e procedimentais. Segundo, ao avaliar o estudante, considerando essa referida articulação, é preciso um instrumento avaliativo que contemple não apenas o conteúdo, mas também os aspectos procedimentais e atitudinais desenvolvidos durante sua trajetória.

De modo a extrapolar o conteúdo, é possível visualizar uma avaliação que vá além de provas, mas que seja um instrumento de acompanhamento e *feedback*, capaz de proporcionar não apenas desenvolvimento profissional, mas também crescimento pessoal.

Nesse sentido, ao compreender a avaliação como uma abordagem analítica, para avaliação formativa, tem-se uma maneira de avaliar cujo objeto é a progressão de cada estudante, no desenvolvimento de habilidades e competências, a partir da identificação de possíveis dificuldades e oportunidades de melhorias. Ela pode ser feita por meio de critérios e aspectos descritivos, levando às chamadas fichas de avaliação descritivas (SCALLON, 2015). A expressão "escala descritiva" é, por muitos, compreendida como rubricas, que podem ser um rico instrumento para tornar as evidências visíveis.

Esse tipo de ferramenta é apropriado para fornecer ao estudante *feedback* e/ou orientá-lo por meio de ações corretivas no momento preciso de sua progressão. Na rubrica, atribui-se pesos aos diferentes critérios e níveis de conquista, a fim de medir o avanço e a progressão do estudante, indo ao encontro da avaliação formativa. Assim, pode-se dizer que a rubrica agrupa e combina os critérios de avaliação e a progressão (níveis de conquista) em um sistema de escala avaliativa, composta por:

- **Critérios:** elementos avaliativos que serão considerados na disciplina, projeto ou atividade. O número de critérios depende do que será avaliado.

- **Pesos:** refere-se ao grau de importância dado a cada critério, permitindo ao professor distribuir pesos, de forma percentual.

- **Níveis de conquista:** indicam o grau de assertividade do estudante em relação a cada critério, de acordo com **níveis qualitativos** preestabelecidos. Por exemplo, ao atribuir como critério habilidades cognitivas, o professor pode, dentro da escala, indicar assertividade em conformidade com a Taxonomia de Bloom (Figura 4.1).

Critérios	Peso	Níveis de conquista				
		Exemplar	Progride muito bem	Progride satisfatoriamente	Progride insatisfatoriamente	Não atende os requisitos
Desenvolvimento das habilidades cognitivas, de acordo com Bloom.	30%	O estudante é capaz de compreender, aplicar, analisar, sintetizar e avaliar.	O estudante é capaz de compreender, aplicar e analisar.	O estudante é capaz de compreender, aplicar.	O estudante demonstra conhecimento e compreensão limitados do assunto.	Não atende os requisitos.

Figura 4.1 Exemplo de escala avaliativa.

Ao planejar a atividade ativa ou a disciplina no ensino digital ou presencial, o professor deve listar e relacionar os possíveis critérios avaliativos para elaborar a rubrica. Sugere-se que esses critérios sejam pensados de tal forma que o professor consiga utilizá-los em diversos momentos e etapas da aprendizagem, o que permitirá ao estudante acompanhamento e *feedback* contínuos.

Nas **estratégias**, **indicamos algumas competências** inerentes a sua aplicação. Se o professor desejar, é possível **utilizá-las como critérios para a rubrica de avaliação**. Nesse sentido, podem ser utilizados como critérios:

- cumprimento de prazos;
- comunicabilidade oral (apresentação de trabalhos);
- criatividade;
- emprego de habilidades cognitivas;
- habilidades cognitivas (análise, síntese, avaliação – tomada de decisão);
- proatividade e autonomia;
- resolução de problemas;
- trabalho em equipe.

Vale ressaltar que, nas estratégias, o elemento de composição "como avaliar a experiência de aprendizagem" pode contribuir para a definição dos critérios avaliativos. Outra forma é refletir sobre as evidências visíveis.

Depois de definidos os critérios, o professor deve estabelecer os níveis de conquista. Recomenda-se a utilização de três a cinco níveis, ou escalas, que representem a progressão do estudante no aprendizado, de modo global, considerando conhecimento, habilidades (conteúdos procedimentais) e atitudes (Figuras 4.2 a 4.4).

Critérios	Peso	Níveis de conquista		
		Atende (100%)	Atende parcialmente (50%)	Não atende (0%)
Critério 1	X%	Descrição do nível de conquista 100%.	Descrição do nível de conquista parcial 50%.	Descrição do nível de conquista 0%.

Figura 4.2 Exemplo de níveis de conquista com três escalas.

Critérios	Peso	Níveis de conquista			
		Show de bola (100%)	**Quase lá (75%)**	**Vou me esforçar mais na próxima (50%)**	**Tô nem aí (0%)**
Trabalho em equipe	X%	Sempre participa dos trabalhos de forma colaborativa, apresenta soluções, leva em consideração a opinião dos colegas e executa as atividades com qualidade.	Na maior parte do tempo participa dos trabalhos de forma colaborativa, apresenta soluções, leva em consideração a opinião dos colegas e executa as atividades com qualidade.	Na maior parte do tempo executa as atividades, mas nem sempre contribui de forma efetiva e com qualidade.	Os colegas precisam refazer as atividades que executa ou nem sempre cumpre as obrigações.

Figura 4.3 Exemplo de níveis de conquista com quatro escalas.
Fonte: Adaptada de Freitas Filho (2019).

Critérios	Peso	Níveis de conquista				
		Exemplar (100%)	**Bom (75%)**	**Satisfatório (50%)**	**Insatisfatório (25%)**	**Inaceitável (0%)**
Desenvolvimento das habilidades cognitivas, de acordo com Bloom.	X%	O estudante é capaz de compreender, aplicar, analisar, sintetizar e avaliar.	O estudante é capaz de compreender, aplicar e analisar.	O estudante é capaz de compreender, aplicar.	O estudante demonstra conhecimento e compreensão limitada do assunto.	Não atende os requisitos.

Figura 4.4 Exemplo de níveis de conquista com cinco escalas.

A descrição de cada nível deve ser feita com muita atenção e cuidado. Na redação deve ficar clara e evidente a diferença entre eles. Quanto mais explícita a diferença entre um nível e outro, melhor. Afinal, a rubrica é um instrumento de avaliação que permite *feedback* instantâneo e, ao mesmo tempo, evidencia as "regras do jogo".

Após a seleção dos critérios e a atribuição dos pesos e níveis de conquista, elabora-se a rubrica. Recomenda-se a utilização de cinco a sete critérios, com três a cinco níveis de escala, com a descrição de cada critério e de cada nível de conquista (Figura 4.5).

Critérios	Peso	Níveis de conquista				
		Exemplar	Progride muito bem	Progride satisfatoriamente	Progride insatisfatoriamente	Não atende os requisitos
Desenvolvimento das habilidades cognitivas, de acordo com Bloom.	30%	É capaz de compreender, aplicar, analisar, sintetizar e avaliar.	É capaz de compreender, aplicar e analisar.	É capaz de compreender e aplicar.	Demonstra conhecimento e compreensão limitados do assunto.	Não atende os requisitos.
Prazo (para uma atividade a distância)	10%	Primeiro a fornecer colaboração, ideias e sugestões fundamentadas para os colegas lerem e fazerem suas colocações.	Primeira colaboração e contribuição postada até 48h antes do prazo final.	Primeira colaboração postada 24h antes do prazo final.	Contribuição e respostas aos colegas postadas próximas às 12h antes do prazo final ou "em cima da hora".	Contribuição e respostas postadas após a data final de entrega.
Ortografia e redação	20%	Texto apresentado com coerência e sem erros gramaticais ou ortográficos.	Texto apresentado com até cinco erros de ortografia, com erros de coerência textual que não prejudicam o entendimento.	Texto apresentado com até dez erros de ortografia, com incoerências textuais e argumentação a ser melhorada, que prejudicam a leitura e a compreensão.	Texto apresentado com mais de dez erros de ortografia, redação mal estruturada, desorganizada e confusa, dificultando a compreensão.	Texto não apresenta requisitos mínimos para a compreensão.

(Continua)

Critérios	Peso	Níveis de conquista				
		Exemplar	**Progride muito bem**	**Progride satisfatoriamente**	**Progride insatisfatoriamente**	**Não atende os requisitos**
Interação com os colegas	20%	Interage e contribui com os colegas de forma embasada, proativa e autônoma, discutindo, debatendo, propondo soluções, liderando o trabalho em equipe.	Interage e contribui com os colegas, participando das discussões e dos debates, contribuindo, quando solicitado pelos colegas.	Interage razoavelmente com os colegas, apenas quando solicitado, sendo, na maioria das vezes, ausente de debates e discussões.	Interage muito pouco com os colegas, respondendo superficialmente às demandas do grupo, sinalizando apenas concordância ou discordância com o trabalho realizado pelos colegas.	Não interage com os colegas, ausentando-se do trabalho colaborativo.
Criatividade	20%	Demonstra entendimento do assunto e propõe soluções criativas, originais e inovadoras.	Demonstra entendimento do assunto e propõe soluções de acordo com o conteúdo estudado, replicando o que está disponível no conteúdo.	Demonstra entendimento parcial. A solução ou opinião apresentadas são parcialmente coesas com o conteúdo estudado.	Demonstra conhecimento limitado do assunto, com solução ou opinião desconexas com o conteúdo estudado.	Não atende os requisitos mínimos.
Total (Nota)	100%					

Figura 4.5 Exemplo de instrumento de avaliação (rubrica) com cinco critérios e cinco níveis.

Na elaboração, devem-se evitar critérios muito particulares para determinada tarefa, que não possam ser generalizáveis a todas as etapas da disciplina ou projeto. A ideia é fazer da rubrica um instrumento de avaliação formativa – os critérios devem atender e auxiliar a trajetória do estudante na disciplina ou projeto. Outro ponto importante é redigir os critérios de modo objetivo, evitando descrições excessivamente longas, confusas e cansativas. Cada critério descrito e nível de conquista deve refletir marcos ao longo da jornada de aprendizagem do estudante.

A rubrica proporciona algumas vantagens:

- Grau elevado de concordância das avaliações executadas por diferentes pessoas (maior facilidade de interpretação para professores e estudantes).
- Qualidade do *feedback* dirigido aos alunos.
- Caráter criterioso (dispensa comparação dos estudantes entre eles).
- Fácil utilização e entendimento.
- Graduação para avaliar a evolução da aprendizagem, informando com clareza como melhorar.
- Possibilidade de compartilhamento da responsabilidade com o aluno desde o primeiro dia de aula.
- Oportunidade de expressar com clareza conhecimentos, habilidades (conteúdos procedimentais) e aspectos atitudinais envolvidos na aprendizagem.

A utilização de rubricas de avaliação permite a definição e o alinhamento dos objetivos de aprendizagem (ou competências) às expectativas dos estudantes desde o primeiro dia de aula, de modo padronizado e explícito, ou seja, evidenciando o que se espera do estudante e o "como" chegar lá, uma vez que considera o processo (percurso – avaliação formativa).

Os ambientes virtuais de aprendizagem (AVA) possibilitam a inclusão de rubricas, permitindo ao professor-tutor clicar no quadrante (critério x nível de conquista) para que o próprio sistema calcule a nota de acordo com o critério, o peso e o nível de conquista indicados. Com isso, tem-se o *feedback* contínuo e *on-line*. Antes de iniciar uma disciplina ou projeto, recomenda-se o compartilhamento do instrumento de avaliação, o qual deve ficar sempre visível para consulta dos estudantes. Ao mesmo tempo, conforme já mencionado, é uma valiosa ferramenta que permite acompanhar e fornecer *feedback* durante a trajetória do estudante.

Tais aspectos tornam o professor não apenas responsável pela transmissão de conhecimentos, mas também pela aprendizagem de modo integral, tornando-o gestor da aprendizagem. Essa perspectiva aponta para novos papéis na docência e, consequentemente, para a valorização do professor e para a necessidade de formação docente, ou seja, de instrumentalização de novas práticas que levem à gestão e à inovação na aprendizagem.

5

Desafios e perspectivas da sala de aula digital

Muito se falou sobre as dificuldades ocasionadas na educação pela crise da covid-19. Podemos considerar desde as situações relacionadas às questões estruturais – como a instabilidade de conexão à internet, a falta de dispositivos para todos os estudantes, famílias e alunos dividindo o mesmo acesso *on-line*, a falta do contato presencial entre colegas e professores, a perda de qualidade do ensino ministrado remotamente – até o grande despreparo para lidar com a nova realidade imposta. Inúmeros foram os desafios relatados por professores, estudantes, pais e gestores.

A transformação digital na educação, que já vinha sendo impulsionada pelos avanços na conectividade, pelo uso generalizado de dispositivos e aplicativos digitais e pela necessidade individual de flexibilidade, tornou-se ainda mais evidente com essa nova realidade, que acelerou as mudanças em direção a novas experiências de aprendizagem.

Em decorrência desse cenário, a União Europeia (EUROPEAN UNION, 2020a) emitiu um comunicado à imprensa, em 30 de setembro de 2020, informando a adoção do Plano de Ação de Educação Digital 2021-2027, diante das lições aprendidas com a crise do coronavírus. No documento, foram estabelecidas duas prioridades: a promoção do desenvolvimento de um ecossistema de educação digital e o aprimoramento das competências digitais para a transformação digital. Além disso, o Plano relata que o uso massivo de tecnologia durante a pandemia revelou lacunas e pontos fracos na educação, evidenciando uma oportunidade para redefini-la. Ou seja, trata-se de um momento oportuno para moldar e modernizar a educação para a era digital.

Nesse sentido, destacam-se alguns desafios e perspectivas, como a necessidade de utilizar e aproveitar o potencial das tecnologias digitais para aprender, ensinar e desenvolver habilidades digitais para todos. Isso porque a rápida digitalização pela qual o mundo passou na última década transformou a sociedade, influenciando o mundo do trabalho e o cotidiano das pessoas.

Muitos empregadores enfrentam dificuldades no recrutamento de trabalhadores altamente qualificados em vários dos setores econômicos, e no digital não é diferente. O relatório da União Europeia (EUROPEAN UNION, 2020b) aponta que profissionais com mais tempo no mercado não estão se aprimorando e se dedicando para o preenchimento dessas vagas, muitas vezes porque o treinamento não está disponível na hora certa e no lugar certo, ou seja, pela indisponibilidade de tempo e da oferta de cursos presenciais que possibilitem a aquisição de habilidades digitais. Com a sala de aula digital, espera-se uma oferta maior de possibilidades, sem barreiras físicas, para a educação e o treinamento corporativo. O aprendizado pode ocorrer totalmente *on-line* ou em modo combinado (híbrido), adequando-se às necessidades de cada estudante.

Acreditamos que a sala digital, ao ser implementada com qualidade, pode apoiar a agenda da educação, ao facilitar aprendizado personalizado, flexível e centrado no aluno. Com isso, tem-se uma ferramenta poderosa e envolvente para a aprendizagem colaborativa e criativa que, ao mesmo tempo, pode ajudar professores e educadores na criação e no compartilhamento de conteúdo, bem como levar a educação a alunos com deficiência, por exemplo, que precisam de ferramentas que sejam totalmente acessíveis a partir da sala digital, independentemente do local onde se encontram.

Um desafio da sala de aula digital reside na necessidade de desenvolver nos alunos as competências digitais (conhecimento, habilidades e atitudes) para viver, trabalhar, aprender e prosperar em um mundo cada vez mais mediado por tecnologias digitais. Também envolve interação e orientação dos professores, maior comunicação com colegas e mais suporte para saúde mental e bem-estar. Como a tecnologia medeia cada vez mais as atividades educacionais, é importante educar pessoas, de todas as idades, sobre o seu impacto no bem-estar, explicando os riscos envolvidos e as oportunidades geradas, bem como incentivando seu uso saudável, seguro e significativo.

A sociedade da informação traz muitos benefícios, como ter as **informações na ponta dos dedos**. Porém, como lembrado no Plano de Ação da Educação Digital 2021-2027, da União Europeia (EUROPEAN UNION, 2020a), acarreta sobrecarga de informações e escassez de maneiras eficazes de verificá-las, tornando ainda mais necessário o desenvolvimento de pessoas capazes de abordar, avaliar e filtrar dados de maneira crítica, de modo a driblar possíveis manipulações de pseudoinformações disponíveis na rede.

Uma pesquisa citada no referido plano de ação evidenciou que os alunos melhoraram suas habilidades digitais e a maior parte passou a gostar da aprendizagem *on-line*. Muitos disseram que suas habilidades de comunicação digital tinham melhorado aos "trancos e barrancos". Cerca de 60% dos entrevistados sentiram que melhoraram suas habilidades digitais durante a crise, e esse percentual era maior para a educação. Mais de 50% dos entrevistados planejam continuar se esforçando para melhorar ainda mais suas competências digitais no futuro.

Dados da pesquisa intitulada "A nova realidade da educação", realizada pela área de inteligência de mercado da Globo em parceria com o Instituto Coluna, em 2020, vão ao encontro das informações citadas anteriormente, ao afirmar que 73% dos jovens com mais de 16 anos acreditam que o ensino mudará para o formato híbrido, 58% passaram a ver o ensino remoto de forma mais positiva e 92% acreditam que o trabalho a distância, ou o *anywhere office*, será mais comum. (NETO; ZORDA; CARVALHO, 2020).

No estudo "A sala de aula de 2030 e o aprendizado para a vida: a tecnologia indispensável", resultado da colaboração entre a Microsoft (2020) e a Education Practice, da McKinsey & Company, alguns dados mostram uma tendência para a adesão e aceitação da sala digital. Como achado da pesquisa, ressalta-se que os professores aceitam a necessidade de mudança e 67% concordam que a aprendizagem deve ser personalizada. Também foi evidenciado que os professores acreditam que a tecnologia pode ajudá-los, permitindo que dediquem cerca de 20 a 30% a mais do seu tempo a atividades centradas nos estudantes.

Assim, as pesquisas mostram que a tecnologia pode ser utilizada a favor do professor, de modo a melhorar os processos de ensino e de aprendizagem, proporcionando economia de tempo e personalização da aprendizagem (a partir do fornecimento de informações específicas para um estudante ou um grupo) em escala.

No entanto, apesar de os dados apontarem para um cenário favorável quanto à adoção e à ampliação da utilização da sala digital, alguns desafios são notórios, como as dificuldades no aprendizado e aquelas relacionadas a conexão, auto--organização e disciplina para os estudos.

A sala digital ganhará novos contornos, e sua utilização poderá levar cada vez mais a experiências interativas e colaborativas, potencializando habilidades socioemocionais, apresentações, reflexões, pensamento crítico, entre outras, aliadas ao pensamento computacional, por meio de plataformas colaborativas, ferramentas imersivas ou de realidade misturada.[1]

Com a digitalização do mundo, a competência digital será uma habilidade fundamental para educadores, facilitadores (educação corporativa) e profissionais de

---

[1] A realidade misturada propõe a combinação do mundo real com o virtual, oferecendo ao usuário uma maneira intuitiva de interagir com determinada aplicação ou situação (RODELLO *et al.*, 2010).

modo geral. Isto é, a sala digital deve se estender a todas as áreas de atuação profissionais, não se restringindo à educação básica ou superior.

Diante da "Googglerização do ensino" – os estudantes podem acessar qualquer conteúdo na internet –, o papel tradicional do professor como mero transmissor de conhecimento pelo compartilhamento de fórmulas matemáticas, conceitos ou nomes científicos não cabe mais em nosso contexto. Tutoriais, vídeos explicativos, entre outros, quando bem embasados e fundamentados cientificamente, substituíram a posição de prestígio das explicações.

Com a utilização da automação e a transformação contínua de habilidades, as instituições educativas já perceberam que possibilitar uma experiência de aprendizagem digital é uma alternativa capaz de promover um aprendizado contextualizado, significativo e centrado nas pessoas.

Por um lado, é importante considerar que as tecnologias digitais estarão fortemente presentes na sala de aula, integradas com propostas pedagógicas inovadoras de ensino, e que o *learning by doing* (aprender fazendo) será uma alternativa altamente relevante para orientar os processos de aprendizagem. Por outro, as instituições educativas já vêm se deparando com algumas dificuldades, sobretudo em formar as novas gerações de profissionais para um modelo de educação digital. Isso se deve ao fato de que uma parte significativa dos professores, durante seu processo formativo, não tive acesso aos conhecimentos sobre as novas tecnologias que podem ser utilizadas no cotidiano escolar e sustentar essa abordagem.

Considerando que a inovação e a disrupção serão os pilares estratégicos para uma sociedade em plena transformação, é preciso reconhecer que ser um profissional da educação em nosso momento histórico traz consigo o grande desafio de deslocar e problematizar o ensino na perspectiva da aprendizagem.

Por fim, uma compreensão sólida e científica do mundo digital permitirá a construção de inúmeros saberes e a democratização da educação, por meio do aprendizado significativo. A sala digital pode ajudar jovens a encontrarem seu propósito de vida, a verem seus talentos, bem como o potencial e as limitações da tecnologia com criticidade, a fim de que possam lidar com os desafios da sociedade.

PARTE

II

Estratégias pedagógicas para o aprendizado ativo, *on-line* e híbrido

ESTRATÉGIA 1:
Aprendendo com a opinião dos colegas

Nesta estratégia, os estudantes devem buscar diferentes opiniões, por meio da consulta virtual a um colega, sobre um mesmo assunto ou problema, a fim de se chegar a uma conclusão. Essa atividade permite ao aluno coletar e analisar outros pontos de vista, que podem ser complementares, convergentes e até contraditórios à sua perspectiva inicial.

Ao coletar opiniões dos colegas e realizar um cotejo com a sua, o estudante deve revisar o argumento recebido, analisar e atualizar seu ponto de vista, sempre buscando fundamentá-lo. A sala de aula virtual permite, com recursos tecnológicos, que se consulte outros colegas, mesmo sem conhecê-los e a distância. Esta estratégia favorece o compartilhamento e a troca de informações, e estimula a interação com os pares remotamente.

- Pensamento crítico.
- Comunicação escrita.
- Troca de informações.
- Análise.
- Síntese.
- Criatividade.
- Tomada de decisão.

1. O professor disponibiliza tema, conteúdo ou problema específico para ser trabalhado na estratégia de aprendizagem. Pode distribuir a atividade para ser realizada individualmente ou em grupos.

2. O aluno deve estudar e emitir sua opinião fundamentada sobre o assunto ou problema específico. Se adotar um problema, por exemplo, deve ponderar sobre ele (o que é, causas, consequências, como resolvê-lo) e fundamentar sua opinião (registrar os porquês).
3. Posteriormente, os estudantes devem buscar a opinião de outras pessoas sobre o mesmo assunto. Para tanto, podem questionar seus colegas (ou grupos), procurando saber a opinião deles sobre o tema ou o problema proposto.
4. Os estudantes devem coletar entre três e cinco opiniões diferentes.
5. Após, voltam-se para a opinião registrada inicialmente, ponderam, analisam e reconsideram seu ponto de vista, fundamentando a atualização ou as modificações à luz do que está sendo estudado.
6. Para análise, sugere-se que os estudantes procurem destacar os principais pontos semelhantes, divergentes e complementares.
7. Sintetizam a opinião, registrando-a em uma mídia da escolha do estudante ou do professor – podem fazer um *podcast*, um vídeo ou uma publicação em *blog*, por exemplo.

Para a coleta de opiniões, os estudantes podem usar aplicativos como WhatsApp, Google Meet e Microsoft Teams, ou outro recurso que permita a comunicação com o colega.

Para registrar a opinião final, em *podcast*, sugere-se a utilização do aplicativo Spreaker (https://www.spreaker.com/). Para formato de vídeo, pode-se utilizar qualquer aplicativo de gravação de vídeo disponível em *smartphones*. A criatividade do estudante determinará a escolha da mídia em que fará o registro de sua opinião.

Esta proposta pedagógica é bem versátil e se aplica aos modelos presencial e híbrido utilizando-se os mesmos princípios e recursos. Na modalidade presencial, os estudantes podem coletar as opiniões dos colegas, registrando-as no papel.

A avaliação pode considerar a capacidade de análise e síntese na emissão da opinião fundamentada, como também a criatividade na escolha e no formato de mídia de comunicação. Recomenda-se que o vídeo seja postado como atividade da disciplina ou projeto no ambiente virtual de aprendizagem, registrando as evidências e possibilitando devolutivas, *feedback* e oportunidades de melhorias.

A aplicação da estratégia ficará mais interessante se o professor organizá-la de modo que os estudantes verifiquem a opinião de colegas com os quais tiveram pouco ou nenhum contato, propiciando a interação e a troca de ideias, com pontos de vista que podem surpreendê-los. Outra dica incrível é usar diferentes técnicas de registro de comunicação, como vídeo tipo YouTube, *storytelling* ou outro tipo de narrativa envolvente que permita ao estudante contar sua opinião de forma descontraída e inovadora, sem perder a seriedade do assunto.

Se o professor desejar, pode gamificar o percurso, atribuindo pontos, medalhas e troféus a cada etapa, a cada opinião coletada. Por exemplo, quanto mais opiniões diferentes o estudante coletar, maior pontuação pode fazer no jogo, ou ser atribuída uma pontuação diferente para cada tipo de mídia adotada, assim, quanto mais complexa a técnica de comunicação oral e/ou mais divertida, maior pode ser o avanço no jogo (pontuação adquirida).

ESTRATÉGIA 2:
Aprendizagem baseada em jogos

A aprendizagem baseada em jogos (*game based learning*, em inglês) é uma abordagem focada no uso e na aplicação de jogos na educação. Os jogos utilizados no campo educacional são denominados jogos sérios (*serious games*), isto é, elaborados sem fins exclusivos de entretenimento, mas focados no processo de aprendizagem.

Esse tipo de jogo foi desenvolvido com o intuito de simular situações práticas do cotidiano profissional ou um problema social, a fim de proporcionar a formação e o treinamento para os novos profissionais, explorando suas características e apontando as consequências das ações executadas.

Figura 1 Jogo Insuonline (treinamento no manejo da insulina) – um *serious game* para a educação de médicos generalistas sobre o uso de insulina no tratamento do diabetes.
Fonte: Insuonline (c2021, documento *on-line*).

Essa prática auxilia os estudantes na tomada de decisão em situações críticas, na conscientização e na educação em temas específicos. Tais jogos têm sido muito utilizados nas áreas da saúde, na investigação, no planejamento, na emergência, na publicidade, etc.

- Visão estratégica.
- Pensamento crítico.
- Visão processual.
- Resolução de problemas.
- Empatia.

1. O professor seleciona um conteúdo relevante e o apresenta aos estudantes do modo como achar adequado.
2. Após o primeiro contato com o conteúdo, o professor envia o *link* pelo *chat* e solicita que os estudantes joguem o jogo selecionado.
3. É importante que uma simulação seja realizada para que todos os alunos conheçam as teclas e os comandos básicos.
4. Deve-se atribuir um tempo para que joguem individualmente. Após esse período, os estudantes devem retornar à sala virtual de origem.
5. Com o retorno dos estudantes, o professor solicita anotações ou relatório sobre os aprendizados. Não ultrapassar mais de 10 minutos para esta etapa.
6. Com os registros feitos, o professor deve dialogar sobre a experiência e os aprendizados com a turma, relacionando-os com o conteúdo trabalhado inicialmente.

Para esta atividade, o docente precisa conhecer vários jogos e ter um computador compatível para a execução deles. Confira a seguir alguns exemplos de jogos educativos que podem ser introduzidos nas aulas.

- **Game Dev Tycoon:** simula uma empresa que cria *videogames*. A simulação consiste em desenvolver jogos em variadas plataformas, utilizando técnicas e estratégias para fazer o seu *game* ser cada vez mais vendido.
- **Pulse!:** é uma ferramenta que ajuda na formação de futuros enfermeiros, simulando uma sala de emergência de um hospital. Destinado a ensinar habilidades clínicas em um ambiente realista, virtual e interativo.
- **Dragon Box Elements:** destina-se a crianças e propõe a aprendizagem dos fundamentos da geometria de forma divertida.
- **Triskelion:** visa melhorar a gestão do tempo e a produtividade pessoal.
- **Insuonline:** desenvolvido por médicos, tem o objetivo de ajudar clínicos gerais a aprender e a praticar os princípios básicos do uso de insulina para o tratamento do diabetes melito no contexto da atenção primária à saúde.

Além da atividade de jogar, o professor pode propor a produção de jogos. O Scratch é uma plataforma desenvolvida pelo Massachusetts Institute of Technology (MIT) para que estudantes possam criar seus próprios *games* e animações e compartilhá-los na *web*.

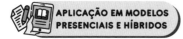

É uma atividade muito versátil e se aplica nos modelos presencial e híbrido com a mesma sequência didática apresentada, mas adaptada para a sala de aula convencional. Em modelos presenciais, pode-se solicitar o jogo em dupla no formato alternado, ou seja, 10 minutos para cada componente.

O desempenho do jogador pode ser avaliado por meio da conclusão das missões ou fases, do comportamento ante os desafios, da utilização de outros recursos, como entrega de relatório, participação em *quiz*, entre outras possibilidades. O professor pode, ainda, solicitar *feedback* sobre a experiência de aprendizado.

O professor precisa jogar antes de levar aos estudantes, de forma que compreenda bem o funcionamento do jogo, o tempo de execução, bem como outros recursos que podem ser necessários para concluir a tarefa de forma satisfatória.

Dependendo da complexidade do jogo, o professor pode dispensar a apresentação inicial do conteúdo e, ao término, realizar o fechamento relacionando o jogo com o conteúdo necessário.

ESTRATÉGIA 3:
Aprendizagem baseada em investigação ou questionamento

Ensino baseado em investigação, aprendizagem baseada em questionamento ou, em inglês, *inquiry based learning* (IBL) é uma metodologia baseada na crença da curiosidade natural e do desejo de aprender do ser humano. É indicada por associações educativas, como a National Science Education Standards (NCES), justamente por criar condições para o desenvolvimento de diversas competências de alto nível, como a capacidade de resolução de problemas, a compreensão de conceitos científicos, o pensamento crítico e criativo em estudantes de todos os níveis de ensino.

Destaca-se que essa abordagem apresenta muita semelhança com a investigação ou a iniciação científica e, também, com a aprendizagem baseada em projetos, visto que a pesquisa, a análise, a síntese, a avaliação e a generalização de dados, visando a caracterização e/ou a resolução de um problema concreto, fazem parte das atividades dessa metodologia, que pode ser amplamente utilizada em ambientes virtuais.

- Resolução de problemas.
- Compreensão de conceitos científicos.
- Pensamento crítico.
- Criatividade.

1. O professor formula uma questão envolvente e motivadora relacionada ao conteúdo trabalhado e lança na sala de aula virtual para que os estudantes iniciem seus trabalhos.
2. É necessário certificar-se de que todos os alunos compreenderam a questão antes de solicitar que resolvam a atividade, realizem pesquisas ou a coleta de informações, ou seja, passem a **investigar** o assunto/a solução conforme as especificidades de cada situação, com o intuito de **desvendar ou resolver**

o problema. Se o problema for de baixa complexidade, 10 a 20 minutos são suficientes.

3. Caso o professor opte pelo trabalho em grupo, os estudantes precisam migrar para a sala virtual do grupo a fim de organizarem a forma de trabalho e o registro da atividade.

4. Para que os estudantes consigam solucionar o problema elencado, o professor pode **indicar fontes** ou autores de base para a investigação, além de outras referências sugeridas pelos estudantes como parte do processo de busca e qualificação da resposta/solução.

5. O professor indica as etapas de construção, as normas para a elaboração e a forma de apresentação, incluindo momentos de *feedback* para os estudantes.

6. Para o fechamento da atividade, pode ser solicitada a entrega ou a apresentação da investigação realizada.

Por se tratar de uma metodologia de investigação, os recursos sugeridos são: Skype, webconferência, fóruns de discussão, *blogs*, *wikis*, *sites*, recursos audiovisuais, entre outros comumente utilizados em contextos educativos.

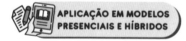

Essa metodologia é bem versátil e não se difere no que diz respeito ao contexto de aplicação, desde que os recursos que o professor já utiliza em cada modelo sejam levados em consideração. No caso de modelos presenciais, pode-se acrescentar atividades como visitas a laboratórios, seminários e estudos de caso que podem corroborar o processo investigativo dos estudantes.

O professor pode verificar o desempenho com base no conteúdo produzido pelo estudante, mediante os objetivos e a aprendizagem. A forma de apresentação pode ser por meio de relatório, artigo científico, portfólio, texto analítico, etc.

A sala de aula digital   49

Nessa abordagem, o professor deve promover o desenvolvimento de competências pessoais ou profissionais e, por isso, a escolha do problema deve estar intimamente ligada com os objetivos de aprendizagem.

O tempo de solução pode variar de acordo com a complexidade do questionamento e da investigação. Com problemas mais complexos, o professor pode dividir a atividade, permitindo pequenas entregas em dias diferentes ou atribuindo um tempo maior para a resolução, gamificando a aprendizagem.

O professor deve oferecer *feedback* durante o processo de construção da solução e, caso necessário, reconduzir o estudante para os objetivos e critérios preestabelecidos.

ESTRATÉGIA 4:
Aprendizagem gamificada

A gamificação não se trata de jogos de *videogame* ou de jogos digitais educativos. Na verdade, o termo é utilizado para representar um conjunto de atividades organizado com base na mecânica dos jogos, com o intuito de engajar pessoas para resolverem problemas e melhorarem a aprendizagem. Pode, em alguns casos, envolver o uso de aparelhos eletrônicos, como *tablets*, computadores e celulares, mas isso não é uma exigência.

A Newzoo, uma empresa especializada em pesquisas, afirma que em torno de 2,5 bilhões de pessoas no mundo fazem uso de jogos. Já no Brasil, de acordo com a Pesquisa Game Brasil (LEITE, 2019), 66,3% das pessoas jogam, independentemente do tipo de dispositivo, e têm idade média entre 25 e 34 anos.

Como utiliza ideias e a lógica dos jogos – com fases, desafios, conquistas e recompensas –, a gamificação se tornou uma excelente ferramenta de incentivo. Essa abordagem tem sido um grande sucesso, pois desperta nos alunos o sentimento de conquista e, consequentemente, aumento da autoestima e do interesse em aprender.

Nesse modelo, o professor atua de modo semelhante a um *designer* de jogos, criando estratégias e buscando maneiras para atrair o aluno, para que ele sempre queira jogar e descobrir diversas maneiras de interagir com o conhecimento e com o mundo ao seu redor. Como o principal objetivo é gerar engajamento cada vez maior, as recompensas são cruciais para o sucesso.

- Análise.
- Trabalho em equipe.
- Pensamento crítico.
- Tomada de decisão.
- Argumentação oral.
- Resolução de problemas.

1. O professor seleciona um tema e elabora um conjunto de desafios ou missões de forma faseada, e os estudantes precisam competir entre si para atingir o objetivo (os desafios podem envolver várias áreas do conhecimento ou focar em algum conteúdo específico).
2. A missão deve apresentar o problema central a ser trabalhado, ou seja, o que se deseja atingir com o jogo (Figura 2).
3. Para elaborar a aprendizagem gamificada (missão), o professor pode partir de um cenário relacionado ao problema central a ser trabalhado, por exemplo, atendimento hospitalar ou situação financeira de uma empresa (Quadro 1).
4. Para cada passo ou etapa, deve-se relacionar os pontos essenciais e as prioridades para o desenvolvimento da aprendizagem do conteúdo (jogo), os quais darão origem ao sistema de pontuação (ver exemplo na Figura 3).
5. Deve-se comunicar aos estudantes como os pontos podem ser adquiridos e a forma como o conteúdo será disponibilizado para que avancem no jogo. Isso pode ser feito via textos, perguntas abertas, perguntas fechadas, questão de verdadeiro ou falso, *flashcards* e interações (como a possibilidade de ganhar pontos para explicar e comentar determinado conteúdo).

Depois de definidos os critérios e o sistema de pontuação, definem-se as regras do jogo. Elas devem ser justas e iguais para todos e quanto mais simples, melhor. Complicar demais as regras pode confundir os jogadores. Alguns exemplos de regras são: o jogo será realizado individualmente ou em grupos? Quantas pessoas por grupo? Quantas rodadas ele terá? Quem começará? Ao final de cada rodada o professor irá disponibilizar *ranking* de pontuação dos jogadores?

6. Ao final de cada fase, etapa ou rodada, o professor pode adicionar elementos, dados e informações, complementando a missão inicial ou lançando nova missão. Nesta fase, o professor pode também compilar os resultados em dicas e disponibilizá-las aos estudantes, além de fornecer *feedback* ao estudante.

Figura 2 Etapas para a elaboração de uma aprendizagem gamificada.

QUADRO 1 Etapas da gamificação da aprendizagem	
Problema central	**Etapas**
Qual é a missão dos jogadores? A missão deles é resolver o problema X? Qual é o contexto ou o cenário envolvidos? Novas missões: adicionar novos elementos ou informações complementares ao problema central ou missão.	O que os alunos precisam fazer para cumprir essa missão? Qual é o passo a passo? Quais são os pré-requisitos para avançar em cada etapa?

(Continua)

(Continuação)

Regras do jogo	Sistema de pontuação
O jogo será individual ou em grupos? Cada grupo será composto por quantas pessoas? A colaboração entre os participantes do grupo poderá gerar ganhos, como? Quem ganha o jogo? Aquele que obtiver maior pontuação? Haverá punição por descumprimento das regras? (P. ex., voltar a alguma etapa do jogo, perder pontos, retroceder casas [tabuleiro].) Ao final de cada dia (ou rodada), o moderador do jogo irá disponibilizar *ranking*? (O *ranking* demonstrará o avanço na aprendizagem.) A pontuação do jogo irá corresponder à avaliação da aprendizagem ou a parte dela?	Quais critérios permitirão que os jogadores avancem? (P. ex., fazer exercícios? Posicionarem-se? Explicarem algo para os colegas? Fazer comentários inteligentes? Ao fazer comentários, estimular a participação dos colegas? Ações "surpresa"?) Para cada critério, estabelecer o valor da ação (p. ex., cada exercício correto vale 10 pontos; cada explicação do exercício, 20 pontos; para o aluno que fizer perguntas sobre a explicação do colega, 15 pontos; apresentar o conteúdo em forma de animação e explicar para a turma, 30 pontos; simular uma situação, 30 pontos.) Disponibilizar os critérios em um quadro ou tabela para que fique de fácil visualização e entendimento de todos, eles irão compor as regras do jogo.

Item	Pontos	Tabulação		
		Grupo 1	Grupo 2	Grupo 3
Resolução correta de exercícios.	10			
Explicação para a turma.	20			
Questionamento de colega sobre a explicação.	20			
Resposta correta ao questionamento do colega.	30			
Resolução de desafios surpresas lançados pelo moderador (superação de obstáculos).	50			
Apresentação de conteúdo solicitado na carta do jogo (ou por meio de aplicativos, etc.) em forma de animação (ou outras possibilidades).	30			
Demonstração ou simulação de uma determinada situação.	30			

Figura 3 Exemplo de sistema de pontuação.

Para elaborar o conjunto de desafios, o professor pode utilizar envelopes virtuais, cartas, exercícios ou tabuleiros com QR Codes, recursos audiovisuais, *blogs*, *wikis*, *sites*.

Esta proposta pedagógica é bem versátil e se aplica também ao modelo presencial utilizando-se os mesmos princípios e recursos. Se o professor desejar, pode utilizar recursos físicos como *flashcards*, cartas, tabuleiros, entre outros.

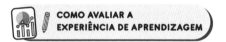

A avaliação pode ser realizada com base na resolução de cada desafio ou etapa, bem como no envolvimento dos estudantes com a atividade proposta. O *ranking* de aprendizagem também pode ser utilizado como auxílio para o professor, compondo parte da nota da disciplina ou projeto.

Sugere-se que um estudante (ou monitor) seja eleito para fazer a tabulação dos pontos à medida que a dinâmica do jogo ocorra. No caso do EaD, os tutores podem fazer esse papel. O *ranking* pode ser comunicado via ambiente virtual de aprendizagem, registrando a evidência da aprendizagem.

Antes de iniciar o jogo, o professor deve explicar as regras e seu funcionamento. A dinâmica da aprendizagem gamificada tende a promover muito engajamento dos participantes.

À medida que os jogadores avançam, é interessante que os pontos sejam divulgados, como forma de estimular a competição entre eles. Se desejar, o professor pode montar um quadro com as práticas que colocaram grupos ou jogadores na liderança. Essas dicas podem ser "vendidas" pelo moderador (em troca de pontos) durante o jogo (assim como outras dicas "preciosas" que permitam que os grupos que estão atrás virem o jogo).

Desafios e surpresas não relacionados aos conteúdos podem ser utilizados para quebrar o gelo e melhorar a dinâmica do jogo. Por exemplo, sortear QR Codes em que o estudante deve contar uma piada ou falar sobre seu passatempo preferido é uma ótima opção. Desafios relacionados ao conteúdo também podem ser lançados no meio do jogo, com tempo para responder (p. ex., 30 minutos) e pontuação acima da média (p. ex., 100 pontos) para quem apresentar a solução primeiro.

A atividade fará muito sucesso se o professor apresentar os desafios por meio de uma história. Além disso, é preciso gerar a motivação e a vontade de completar as atividades propostas. O docente pode convidar os alunos a ganharem "pontos de experiência" à medida que finalizam as atividades, por exemplo: *badges*, medalhas, *bottons*, distintivos, adesivos de motivação e de valor ou qualquer tipo de recompensas individuais e/ou coletivas auxiliam no processo de engajamento dos estudantes.

Esta proposta permite que os estudantes, de forma colaborativa, sejam parceiros na elaboração do *design* da gamificação e criem o próprio sistema de conquistas. O professor precisa prover *feedback* imediato e buscar acolher os erros dos alunos.

ESTRATÉGIA 5: Aprendizagem total

Esta estratégia é simples, de fácil aplicação e capaz de gerar muito engajamento. Pode ser usada logo após o início da aula, como um diagnóstico; no meio da atividade, para "aquecer" e verificar o nível de compreensão; e, ainda, após o trabalho com o conteúdo, para avaliar o que os estudantes aprenderam. Com isso, tem-se uma estratégia versátil que pode ser aplicada a qualquer momento.

Por se tratar essencialmente de um *quiz* de formato similar a uma avaliação, no qual os estudantes têm a oportunidade de responder quantas vezes for necessário, seu grande diferencial está na forma como é realizado.

Para que esta estratégia seja aplicada, deve-se usar uma plataforma digital específica, elaborar um conjunto de questões e dividi-las em "níveis", sendo que a progressão de um nível para o outro só acontece quando todas as perguntas são respondidas corretamente em uma mesma tentativa, por isso a nomenclatura aprendizagem total.

Isso significa que, ao errar uma questão, o aluno deve recomeçar, tendo a oportunidade de retomar as questões já respondidas, de modo a estimular a apropriação de conceitos-chave e objetivando alcançar 100% de acerto.

- Resolução de problemas.
- Gestão do tempo.
- Interpretação.
- Trabalho em grupo.

1. A partir do conteúdo ou tema trabalhado, o professor deve elaborar as questões com respostas objetivas para submeter na plataforma. A instrução da atividade precisa ser envolvente e desafiadora, deve-se evitar questões do tipo "O que é" e "Conceitue".
2. O docente deve registrar as questões na plataforma de *quiz*, gerar um *link*, estabelecer um tempo para a conclusão (não ultrapassar 20 minutos) e lançar o desafio aos estudantes no *chat*.
3. Esta atividade pode ser realizada individualmente ou em grupo. Caso seja em grupo, os estudantes precisam entrar na sala do grupo para iniciar a tarefa.
4. Com o tempo esgotado, os alunos retornam à sala digital de origem para o fechamento da atividade pelo professor, que inicia a correção.
5. Vale ressaltar a importância de o professor corrigir as questões uma a uma e falar sobre o desafio, sobre o tempo para resolução, entre outros aspectos, relacionando a tarefa com o conteúdo trabalhado e consolidando a aprendizagem.
6. Pode ser que alguns estudantes "estacionem" e não avancem na atividade. Por isso, o professor pode realizar a explicação e abrir novamente o mesmo desafio, dando a oportunidade para que o concluam.

Especificamente nesta estratégia, organizada de forma processual por meio de níveis e que leva em consideração a necessidade de acertar todas as questões para avançar, a ferramenta indicada é a Classmaker (https://www.classmarker.com/).

Esta proposta pedagógica é bem versátil e se aplica aos modelos presencial ou híbrido utilizando-se os mesmos princípios e recursos. Na falta de conectividade, pode-se lançar o desafio, controlar o tempo com um cronômetro e verificar os resultados.

A evidência de aprendizagem para esta atividade será o resultado das tarefas realizadas, visto que a plataforma indica a quantidade de acertos dos estudantes. O professor pode gerar uma nota, caso considere interessante, ou mesmo verificar como os alunos estão se desenvolvendo e oferecer *feedback* com o intuito de promover a evolução do aprendizado.

Esta ferramenta também possibilita que o professor verifique o tempo e a quantidade de acertos de cada estudante.

Com base nas especificidades da gestão de uma sala de aula virtual, geralmente nesta estratégia elaboramos **seis questões** e estabelecemos o tempo de 12 minutos, dividindo-as conforme a complexidade: duas fáceis, duas médias e duas difíceis.

Dependendo do conteúdo, nem sempre os estudantes conseguem concluir. Por isso reservamos no máximo 12 minutos para a tarefa, para que seja possível retomar algo, se necessário, sem deixá-los ociosos por muito tempo no ambiente virtual.

Esta estratégia funciona muito bem tanto em grupo quanto individualmente. Na mesma aula pode-se utilizar as duas formas, começando individualmente e depois em grupo.

Outra dica é deixar essa condução alinhada desde o início da atividade, de modo que a estratégia não "esfrie". É importante que os estudantes saibam que, se não conseguirem realizar a atividade, haverá um momento para direcionamento do professor.

ESTRATÉGIA 6:
Atividade ativa com infográfico

Esta atividade tem como objetivo promover reflexão, análise e elaboração de algum tema ou conteúdo com o uso de infográficos.

Utilizando esse recurso, espera-se que o estudante seja estimulado a produzir conteúdo (conhecimento) por meio de pesquisa. Um infográfico tem como característica a síntese visual, utilizando-se para isso, entre outras competências, a criatividade.

COMPETÊNCIAS

- Trabalho em equipe.
- Auto e heterorreflexão.
- Criatividade.
- Investigação.
- Pensamento crítico.
- Síntese.

1. No planejamento do projeto, sugere-se que o professor defina um objetivo de aprendizagem, ou seja, o resultado da atividade a ser materializada no infográfico. A produção desse material possibilita evidenciar a resposta e o percurso que o estudante fez para a solução de um problema ou estudo de caso e, até mesmo, atividade de síntese e representação de determinado conteúdo ou texto.
2. Assim, o professor pode partir de uma situação-problema ou, ainda, de um conteúdo específico, como um texto.
3. Na resolução de problemas ou estudo de caso, sugere-se que o professor oriente o estudante para que ele busque o máximo de informações possíveis que sejam capazes de explicar teoricamente o problema e propor soluções, as quais deverão ser registradas no infográfico.
4. Se o professor optar por trabalhar com conteúdos (artigos, unidades de aprendizagem, textos, vídeos, interpretação de quadros e tabelas), sugere-se que os disponibilize no ambiente virtual de aprendizagem.
5. A partir disso, o professor fornece a instrução para a atividade, que pode ser algo como: "A partir da leitura do texto apresentado, reflita sobre os aspectos [...] e procure caracterizar [...]. Considerando essas informações, pesquise sobre o assunto e elabore um infográfico descrevendo a situação, os riscos, as vantagens e as desvantagens do [...]".
6. Com a síntese, o estudante procede para a criação do infográfico.
7. Essa atividade pode ser realizada em grupos e, nesse caso, a turma pode ser dividida em várias equipes e, nestas, ser nomeado um líder. Para o desenvolvimento da solução e a elaboração do infográfico, os estudantes serão incentivados a trabalhar em equipe, a desenvolver a criatividade coletiva, a cordialidade, o respeito, entre outras competências inerentes ao trabalho em grupo.

A seguir, na Figura 4, é apresentado um exemplo de infográfico.

A sala de aula digital **59**

Figura 4 Exemplo de infográfico elaborado com Piktochart.
Fonte: Piktochart (c2020, documento *on-line*).

Para fazer infográficos, destacamos o uso do aplicativo Piktochart, que é gratuito e está disponível no endereço: https://piktochart.com/.

Esta proposta pedagógica é bem versátil e se aplica aos modelos presencial e híbrido utilizando-se os mesmos princípios e recursos. Ao aplicá-la presencialmente, o professor, ao final do tempo destinado à elaboração, pode solicitar aos estudantes que procedam a apresentação e a "defesa" do infográfico, estimulando a interação e a participação dos colegas em sala de aula.

A avaliação pode ser realizada com base na capacidade de síntese e criatividade utilizada na elaboração do infográfico. Quando postado no ambiente virtual de aprendizagem, ele gera um registro de evidência de aprendizagem que permite fornecer *feedback* e apontamentos de melhorias, além de contribuir para o enriquecimento do portfólio de atividades realizadas pelo estudante.

É importante que o professor organize uma sequência didática orientada para o objetivo esperado com o desenvolvimento do infográfico, assim como ressalte a importância da sua elaboração. Para muitos, se aprende mais quando se coloca a "mão na massa", ou seja, fazendo. O infográfico é um recurso que permite o aprender fazendo.

A clareza sobre o que o estudante deve entregar ao final, com o infográfico, deve estimular o aprendizado dos conteúdos e do desenvolvimento das capacidades ou competências. É possível, também, utilizar o infográfico como uma etapa ou tarefa de um projeto maior. Nesse caso, o professor pode atribuir notas parciais a tarefas menores ou entregas parciais do projeto. O estudante, ao ser avaliado etapa por etapa, é estimulado a aprender com mais frequência, assim como tem a possibilidade de receber pontos de melhorias durante o percurso de aprendizagem, proporcionando, nesse sentido, a aplicação da avaliação formativa.

ESTRATÉGIA 7:
Atomizar

Esta estratégia refere-se à discussão de ideias em grupo, na qual se espera a contribuição espontânea de opiniões, voltada para o estudo e para a resolução de problemas. O objetivo é dividir um sistema maior (problema ou tema) e seguir com a análise de seus componentes, camada a camada. Em síntese, trata-se de esmiuçar uma questão dividindo-a em partes menores para facilitar a compreensão do todo.

Atomizar um problema ou um tema é uma atividade muito útil e enriquecedora por tornar a compreensão, a análise, a discussão e a solução mais tangíveis ao gerar componentes menores. Embora esta estratégia seja aplicada em diversos contextos, na sala de aula digital pode funcionar melhor em situações como iniciar um novo negócio, estruturar uma oferta de serviço, componentizar um problema social ou político, compreender a cultura de grupo, introduzir ou contextualizar um assunto.

- Trabalho em equipe.
- Autonomia.
- Senso crítico.
- Troca de informações.
- Desenvolvimento da criatividade.
- Associação e desenvolvimento de ideias.
- Reflexão e tomada de decisão.

1. Com o tema ou conteúdo selecionado, o professor lança o "problema" a ser atomizado pelo grupo. É importante que seja apresentado um único tema ou situação-problema (macro).

2. Dependendo do objetivo de aprendizagem, o professor pode aplicar a estratégia incentivando a participação de todos, individualmente ou em grupos, por meio da formação de equipes. No segundo caso, sugere-se no mínimo três e, no máximo, cinco participantes por grupo.
3. O professor fornece *link* de acesso ao mural digital adotado para iniciar o processo de atomização das ideias e solicita aos estudantes (ou grupos) que registrem suas percepções e ideias sobre o assunto ou sobre como resolver o problema.
4. Caso a atividade seja realizada em grupo, solicita-se que os estudantes migrem para as salas virtuais específicas. Sugere-se que o tempo para a exposição das ideias seja determinado, podendo ser cronometrado via aplicativo (no caso de aula remota); caso seja uma atividade a distância, o professor deverá disponibilizar um período para publicação e postagem no mural digital.
5. Os alunos devem apresentar as ideias em forma de tópicos ou componentes (unidades pequenas) relacionados ao problema ou conteúdo estudado, sem rodeios, elaborações ou considerações.
6. Posteriormente, quando encerrar o tempo, o professor pede aos alunos que selecionem no mural digital aquelas que eles consideram as melhores ideias (filtro). Eles podem organizá-las conforme a prioridade ou aplicabilidade para a resolução do problema.
7. Para o fechamento da atividade, deve-se promover uma discussão enfatizando a causa raiz do problema ou os principais componentes a serem tratados por meio da apresentação dos estudantes.

Para aplicação desta atividade, sugerimos duas ferramentas excelentes: o Mural (https://www.mural.co/) e o Conceptboard (https://conceptboard.com/). As duas são semelhantes e permitem a construção coletiva da atomização do conteúdo. Pode-se ainda utilizar o Google Jamboard ou mesmo ferramentas mais simples, como o Microsoft PowerPoint, ou uma apresentação do Google. Veja exemplo na Figura 5.

A sala de aula digital 63

Figura 5 Tela de representação do mural digital.
Fonte: Conceptboard (2020, documento *on-line*).

Esta proposta pedagógica é bem versátil e se aplica também ao modelo presencial utilizando-se os mesmos princípios e recursos. Em salas de aula presenciais, podem-se utilizar *post-its* para que os grupos consigam atomizar o problema ou tema apresentado, ou pedir que utilizem o quadro como uma vitrine de aprendizagem.

A avaliação da aprendizagem deve ser realizada conforme o objetivo da estratégia. Por exemplo, se o intuito é propor ideias para a solução de um problema, deve-se avaliar a qualidade da proposta e o quanto ela é capaz de resolver o problema; se o objetivo é apenas conhecer e discutir um tema, pode-se usar como critério a participação e o engajamento dos estudantes.

Para facilitar o processo de atomização, sugerimos que os estudantes utilizem a estrutura de representação da Figura 6, iniciando com uma temática ampla e desdobrando cada camada dela.

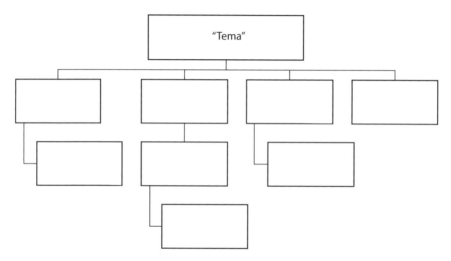

Figura 6 Dica de atomização.

A avaliação faz parte do processo de aprendizagem, indicando e evidenciando pontos positivos e pontos a melhorar. A autoavaliação pode ser parte do processo de avaliação da aprendizagem, na medida em que o estudante é colocado como protagonista, ou seja, no centro da sua própria avaliação, de forma a apontar com sinceridade, honestidade e responsabilidade as oportunidades de melhoria.

A estratégia de autoavaliação conduz o aluno a maior responsabilização de suas atividades e tarefas, bem como a maior conscientização de suas responsabilidades, direitos e deveres. Nesse sentido, as habilidades de autoavaliação devem ser estimuladas. Elas tendem a melhorar com o passar do tempo, e ensiná-las é uma forma de preparar o estudante para o desenvolvimento de competências do século XXI, afinal, conseguir se autoavaliar e, a partir daí, analisar seus pontos de melhoria para o desenvolvimento pessoal e profissional pode ser essencial para o mundo do trabalho.

- Autorreflexão.
- Autorresponsabilidade.
- Autoconscientização.
- Autoavaliação.
- Pensamento crítico.

1. Com base no objetivo de aprendizagem ou competência almejada com o desenvolvimento de uma atividade, trabalho ou projeto, o professor deve elaborar o instrumento de autoavaliação, com critérios predefinidos.
2. Os critérios podem ser: o desenvolvimento de cada etapa; a contribuição durante a atividade; a participação e o engajamento; a apresentação oral; a organização e a proatividade; entre outros aspectos conceituais, procedimentais e atitudinais.
3. Na etapa de planejamento, sugere-se que o professor liste os possíveis critérios que os estudantes podem utilizar para se autoavaliar com mais assertividade, de modo a conduzi-los a conscientização e apropriação do próprio aprendizado.
4. O professor pode utilizar uma escala numérica tipo Likert, ou mesmo optar por autoavaliações mistas (que mesclam questões objetivas e dissertativas) ou abertas.
5. Com os critérios definidos, sugere-se que sua aplicação seja realizada por meio de formulários eletrônicos disponíveis na internet (veja um exemplo na Figura 7). O professor pode disponibilizar o formulário digital de avaliação da forma que julgar mais conveniente, no ambiente virtual de aprendizagem, enviado por *e-mail* ou até via aplicativo de mensagens.

6. É importante informar, na aplicação, que o resultado das avaliações é sigiloso, ou seja, os nomes dos respondentes serão mantidos no anonimato durante a comunicação de *feedback* geral da turma.

7. Nessa comunicação geral, o professor deve salientar os pontos positivos que surgiram nas autoavaliações e os possíveis pontos de melhorias.

8. Ao final, o professor pode tabular os principais pontos positivos, os de excelência e os de melhoria da turma como um todo.

9. Se quiser, também pode repassar a autoavaliação de modo individual, discutindo com cada estudante aquilo que precisam melhorar.

Autoavaliação

Avalie seu desempenho nas questões abaixo.

*Obrigatório

1. Atribua nota de 1 a 5 para a resolução da atividade proposta, sendo 1 para necessito melhorar, e, 5, excelente. *

   Marcar apenas uma oval.

	1	2	3	4	5	
Aprendi pouco	◯	◯	◯	◯	◯	Aprendi mais do que esperava

2. O que foi difícil para mim ao realizar a atividade:

   Marcar apenas uma oval.

   ◯ Ler os materiais e interpretar os textos.

   ◯ Usar o computador, tenho dificuldade em usar editor de textos (Word).

   ◯ Acessar o *blackboard* e achar os materiais.

   ◯ Cumprir prazos, organizar o meu tempo e estudar.

   ◯ Trabalhar em equipe.

   ◯ Manter foco e comprometimento.

   ◯ Escrever de maneira compreensiva para o empresário/contador.

   ◯ Outro: _____

3. Como posso diminuir minhas dificuldades? Usar mais dicionários para compreender as palavras.

Marcar apenas uma oval.

	1	2	3	4	5	
Pouco útil	◯	◯	◯	◯	◯	Muito útil

4. Fazer um curso de informática:

Marcar apenas uma oval.

	1	2	3	4	5	
Pouco útil	◯	◯	◯	◯	◯	Muito útil

5. Pedir ajuda do professor e dos colegas para acessar o ambiente virtual de aprendizagem:

Marcar apenas uma oval.

	1	2	3	4	5	
Pouco útil	◯	◯	◯	◯	◯	Muito útil

6. Fazer as atividades individuais, discutir com os colegas e tirar dúvidas com o professor.

Marcar apenas uma oval.

	1	2	3	4	5	
Pouco útil	◯	◯	◯	◯	◯	Muito útil

7. Em relação aos itens a seguir eu fiquei ...*

1 = Muito insatisfeito 5 = Muito satisfeito

Marcar apenas uma oval por linha.

	1	2	3	4	5
Aprendizado adquirido	◯	◯	◯	◯	◯
Prazo para fazer a atividade	◯	◯	◯	◯	◯
Trabalho em equipe	◯	◯	◯	◯	◯
Orientações do professor	◯	◯	◯	◯	◯
Materiais de apoio disponibilizados pelo professor	◯	◯	◯	◯	◯
Realização das atividades individuais	◯	◯	◯	◯	◯
Avaliação objetiva	◯	◯	◯	◯	◯
Avaliação dissertativa	◯	◯	◯	◯	◯
Comprometimento na atividade	◯	◯	◯	◯	◯
Disponibilidade para fazer a atividade	◯	◯	◯	◯	◯

8. Foi difícil pra mim:

9. Posso mudar isso da seguinte maneira:

10. Aprendi que minhas qualidades são:

11. Se fosse repetir a atividade, eu faria as seguintes mudanças:

12. O que professores e Instituição poderiam fazer diferente para que eu possa aprender:

13. Deixe uma mensagem para o(a) professor(a):

Figura 7 Exemplo de estrutura de formulário eletrônico de autoavaliação.

O professor pode fazer uso de formulários eletrônicos disponíveis gratuitamente na internet por meio do Google Forms e do Encuesta Fácil, por exemplo.

Esta proposta pedagógica é bem versátil e se aplica aos modelos presencial e híbrido utilizando-se os mesmos princípios e recursos. Independentemente da modalidade, pode ser usada ao final de cada atividade, incentivando os estudantes a se autoavaliarem em tempo real.

A autoavaliação pode ser realizada com base na conclusão de etapas ou tarefas, ou, ainda, na entrega final, como nota complementar à do professor. Sugere-se que o docente atribua peso na nota da autoavaliação, como incentivo aos estudantes. O registro em formulário eletrônico é um elemento importante na criação de evidências de aprendizagem.

É importante que o professor deixe claro para os estudantes que o foco da autoavaliação é auxiliar o crescimento por meio de autorreflexões. As metas devem ser pensar sobre o próprio desempenho e pontuar em quais aspectos pode melhorar. Por isso, a sinceridade do respondente é fundamental. Assim, tem-se uma estratégia que pode promover maior engajamento, autoconscientização e responsabilização pelo próprio desempenho, tornando o aluno protagonista da aprendizagem.

Outra dica importante refere-se à atribuição de peso ou percentual específico da autoavaliação na nota geral (final) da atividade, disciplina ou tarefa. Essa nota poderá ser validada a partir dos pontos acordados entre professor e aluno.

A sala de aula digital **71**

ESTRATÉGIA 9:
Avaliação por pares no ensino virtual

A avaliação faz parte de qualquer processo de aprendizagem e evidencia pontos e oportunidades de melhoria nas tarefas solicitadas pelo professor. Muitas atividades de aprendizagem são conduzidas e orientadas para o trabalho em grupo, afinal, uma das competências que se espera que o estudante desenvolva é a do trabalho colaborativo.

Nesse sentido, a avaliação por pares, ou seja, realizada pelos próprios colegas do grupo ou da turma, é essencial para o desenvolvimento do estudante. Trata-se de um olhar externo ao do professor. Muitas vezes, a indicação de pontos de melhoria fornecida pelos colegas tende a ser tão efetiva (ou mais) do que as evidenciadas pelo docente. Contudo, ao adotar esta estratégia, o professor deve ter ciência de que talvez nem todos tenham habilidades para uma avaliação eficaz, o que torna a atividade desafiadora para o aluno, que tem a oportunidade de desenvolver outras competências e perspectivas de trabalho colaborativo e tomada de decisão.

- Autorreflexão.
- Pensamento crítico.
- Tomada de decisão.

1. Com base no objetivo de aprendizagem ou competência almejada com o desenvolvimento de uma atividade, trabalho ou projeto, o professor deve elaborar o instrumento de avaliação com critérios predefinidos.
2. Os critérios podem ser: o desenvolvimento de cada etapa; a contribuição durante a atividade; a participação e o engajamento; a apresentação oral; a organização e a proatividade; entre outros.

3. Na etapa de planejamento, sugere-se que o professor liste os possíveis critérios que os estudantes podem utilizar para avaliar seus colegas com mais assertividade.

4. O professor pode utilizar, por exemplo, uma escala numérica tipo Likert na avaliação por pares.

5. Com os critérios definidos, sugere-se que sua aplicação seja realizada por meio de formulários eletrônicos disponíveis na internet (veja um exemplo na Figura 8). O professor pode disponibilizar o formulário digital de avaliação por pares da forma que julgar mais conveniente, no ambiente virtual de aprendizagem, enviado por *e-mail* ou até via aplicativo de mensagens.

6. É importante informar, na aplicação, que o resultado das avaliações é sigiloso, ou seja, os nomes dos respondentes (colegas) serão mantidos no anonimato. Tal premissa é fundamental para dar segurança ao avaliador e evitar qualquer tipo de desconforto entre colegas.

7. Ao final, o professor pode apresentar as médias (a partir das notas atribuídas pelos colegas) e, ainda, os pontos de melhoria da turma como um todo ou individualmente, respeitando-se o sigilo dos avaliadores.

Avaliação por pares				
Por favor, avalie o trabalho (ou atividade) do seu colega. Seja sincero e atribua notas conforme sua vivência com ele na realização da tarefa. Atribua 5 para nota máxima (excelente) e 1 para nota mínima (precisa de melhoria quanto ao critério).				
Nome do avaliador:				
Grupo/equipe:				
Colega avaliado:				
Critérios de avaliação	**Nota**			
Ajudou-me com a pesquisa	1	2	3	4	5
Ajudou na organização	1	2	3	4	5
Mostrou-se disponível	1	2	3	4	5
Apresentação	1	2	3	4	5
Cordialidade e respeito	1	2	3	4	5
Critério 6	1	2	3	4	5
Critério 7	1	2	3	4	5
No geral, avalio meu colega como	1	2	3	4	5

Figura 8 Exemplo de estrutura de formulário eletrônico de avaliação por pares.

A sala de aula digital **73**

O professor pode fazer uso de formulários eletrônicos disponíveis gratuitamente na internet por meio do Google Forms e do Encuesta Fácil, por exemplo. Formulários eletrônicos permitem a avaliação rápida, na palma da mão e a devolutiva, ou tabulação com os resultados, de forma instantânea.

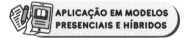

Esta proposta pedagógica é bem versátil e se aplica aos modelos presencial e híbrido utilizando-se os mesmos princípios e recursos. No modelo presencial, pode ser usado ao final de cada atividade, incentivando os estudantes a atribuírem nota para os colegas em tempo real. Nesse caso, o professor pode dar a devolutiva geral no fim da aula, montando um painel de desempenho.

A avaliação por pares pode ser realizada com base na conclusão de etapas ou tarefas, ou, ainda, na entrega final, como nota complementar à do professor. Sugere-se que o docente atribua peso na nota da avaliação por pares, como incentivo aos estudantes. O registro em formulário eletrônico é um elemento importante na criação de evidências de aprendizagem.

É importante que o professor deixe claro para os estudantes que o foco da avaliação por pares é auxiliar o crescimento do colega por meio de *feedback* registrado no formulário de avaliação. As metas devem ser apoiar o colega e pontuar em quais aspectos ele pode melhorar. Por isso, a sinceridade do avaliador é fundamental. Assim, tem-se uma estratégia em que todos ganham, professores e estudantes.

Outra dica importante refere-se à atribuição de peso ou percentual específico da avaliação por pares na nota geral (final) da atividade, disciplina ou tarefa.

ESTRATÉGIA 10:
Blog

Um *blog* serve para divulgar algo que os estudantes estejam fazendo, seja um projeto pessoal, o que mais gostam em sua jornada escolar ou acadêmica, as competências e experiências pessoais adquiridas, entre outros.

A estratégia *Blog* incentiva o aluno a utilizar os recursos de criação de um *site* pessoal como ferramenta de promoção pessoal. Pode contemplar, ainda, algum assunto específico ou causa na qual o estudante se identifica (propósito de vida) e defende.

Trata-se de um espaço público de comunicação de conteúdos digitais. Nesta estratégia, o estudante é colocado no centro da aprendizagem, protagonista de sua própria história, relatando projetos pessoais e até escolhas de vida ao se tornar um blogueiro. Muitas pessoas, ao tornarem-se blogueiras de sucesso, são vistas como especialistas em determinado tema ou assunto.

- Reflexão.
- Pensamento crítico.
- Comunicação escrita.
- Comunicação oral.
- Criatividade.
- Síntese.

1. Inicialmente, o professor pode explicar a importância de um *blog* para a divulgação de projetos pessoais e profissionais.
2. Sugere-se que o docente peça aos estudantes que reflitam sobre um projeto pessoal ou causa que gostariam de se dedicar.
3. Cada aluno deve escolher uma causa. Esta pode ser, por exemplo, com base nos Objetivos de Desenvolvimento Sustentável (ODS), conforme apresentado na Figura 9.
4. Em seguida, devem procurar estudar, conhecer mais sobre o assunto e produzir algum tipo de conteúdo, em formato de texto, imagem, áudio ou vídeo, para o *blog*.
5. Posteriormente, inicia-se o processo de criação propriamente dito. O estudante deve escolher uma plataforma e, para isso, há várias plataformas gratuitas, como WordPress, Wix, Webnode, entre outros.
6. Após escolher a plataforma, deve-se definir um *design*. Há vários modelos ou *templates* gratuitos que podem ser customizados.
7. Com o *template* customizado, os estudantes devem inserir os conteúdos produzidos ou iniciar a produção de conteúdos digitais.
8. Para isso, devem considerar os seguintes fatores:
   a. o público para o qual está escrevendo;
   b. qual tipo de problema se propõe a resolver (pode falar um pouco do objetivo de desenvolvimento sustentável escolhido e o porquê de sua escolha);
   c. qual a regularidade das publicações: um *blog* deve ser atualizado com frequência (semanal, quinzenal ou mensalmente, por exemplo);
   d. como pode instigar e provocar os leitores para se relacionarem com o seu *blog*, ou seja, para participarem ativamente e contribuírem para a sua causa.
9. Depois de disponibilizar o conteúdo no *blog*, o estudante deve divulgá-lo. Pode publicá-lo em suas redes sociais, divulgando para amigos, conhecidos e interessados no assunto.

Figura 9 Objetivos de Desenvolvimento Sustentável (ODS).
Fonte: Nações Unidas Brasil (c2021, documento *on-line*).

Para a elaboração do *blog*, sugere-se a adoção de ferramentas gratuitas, como WordPress, Wix ou Webnode.

Para a produção do conteúdo, os estudantes podem usar textos, vídeos, imagens, infográficos e *podcasts*. Para cada conteúdo, uma ferramenta diferente deve ser utilizada. Vídeos podem ser gravados por qualquer aplicativo disponível em *smartphones*. Para a edição, sugere-se a utilização dos aplicativos FilmoraGo Editor de Vídeo, Foto Música InShot ou YouCut Editor de Vídeo. Caso tenham maior afinidade com outro, podem utilizá-lo também. Para uso em computadores, um *software* de fácil aplicação é o Movavi.

Para a produção de áudio, sugere-se a utilização do aplicativo Spreaker (https://www.spreaker.com/). Ele é multiplataforma e acessível para usuários de *smartphones* de modo geral. É necessário conexão de internet para fazer o *download* do aplicativo e publicar o áudio, mas não para fazer as gravações.

Para infográficos, podem usar ferramentas como o Piktochart, que é gratuito e está disponível em: https://piktochart.com/.

Para a elaboração de imagens ou ilustrações, podem usar o Canva, por exemplo. Esta estratégia permite a utilização efetiva da caixa de ferramentas.

Esta proposta pedagógica é bem versátil e se aplica aos modelos presencial e híbrido utilizando-se os mesmos princípios e recursos.

A avaliação pode considerar a capacidade de escrita, a criatividade e a qualidade dos conteúdos digitais produzidos pelos estudantes. Ao postar e publicar o *blog*, o estudante gera evidências de aprendizagem que podem possibilitar aos professores acompanhar e apontar oportunidades de melhoria nos *blogs*.

A aplicação da estratégia ficará mais incrível com a diversificação das mídias utilizadas na produção dos conteúdos, a partir da escolha pessoal e voluntária de um tema específico com o qual o estudante se identifica. Ao proporcionar a liberdade de escolher um tema específico, bem como o estudo e a produção de conteúdo referente a ele, fomenta-se a autonomia e a voz do aluno.

Quando motivados, os estudantes tendem a se dedicar e a produzir mais, independentemente do assunto. Por isso, esta estratégia é uma poderosa ferramenta para o desenvolvimento de diversas habilidades, como a comunicação escrita, a comunicação oral e a criatividade.

ESTRATÉGIA 11:
Brainstorm digital

O *brainstorm* é uma estratégia de discussão de ideias, em grupo, na qual se espera a contribuição espontânea de opiniões, voltada para o estudo, para a resolução de problemas e para a criação de produtos ou artefatos do saber.

Trata-se de uma estratégia de geração e discussão de ideias muito conhecida e utilizada. Na sala de aula virtual, pode ser aplicada a diversos contextos: início, introdução ou contextualização de um assunto, de modo participativo; discussão e debate; construção coletiva de determinado saber.

 COMPETÊNCIAS

- Trabalho em equipe.
- Autonomia.
- Senso crítico.
- Troca de informações.
- Desenvolvimento da criatividade.
- Associação e desenvolvimento de ideias.
- Reflexão e tomada de decisão.

 MÃO NA MASSA

1. Dependendo do objetivo de aprendizagem, o professor pode aplicar a estratégia incentivando a participação de todos, individualmente ou em grupos, por meio da formação de equipes. No segundo caso, sugere-se mínimo três e, no máximo, cinco participantes por grupo.
2. O professor apresenta a situação-problema ou assunto a ser discutido no *brainstorm*.
3. Fornece o *link* de acesso ao mural digital e solicita aos estudantes (ou grupos) que registrem suas percepções e ideias sobre o assunto ou sobre como resolver o problema.
4. Sugere-se que o tempo para a exposição das ideias seja determinado, podendo ser cronometrado via aplicativo (no caso de aula remota); caso seja uma atividade a distância, o professor deverá disponibilizar um período para publicação e postagem no mural digital.
5. Os alunos devem apresentar, espontaneamente, todas as ideias que surgirem, sem elaborações ou considerações. Assim, neste momento, considera-se que não existem ideias ruins ou absurdas. No *brainstorm*, quantidade é melhor do que qualidade. Quanto mais ideias, melhor.
6. Posteriormente, quando encerrar o tempo, o professor pede aos alunos que selecionem no mural digital aquelas que eles considerarem as melhores

ideias (filtro). Eles podem organizá-las conforme a prioridade aplicabilidade para a resolução do problema.
7. Cada estudante volta-se para o problema inicial proposto com as ideias selecionadas e propõe uma solução por meio da associação de ideias.
8. Ao final, o professor promove uma discussão ou atividade de encerramento da aula virtual (remota). Caso a estratégia seja aplicada no EaD, por meio de roteiro predefinido, o professor ou tutor, ao final, dá a devolutiva via ambiente virtual de aprendizagem, evidenciando pontos de melhoria para a solução do problema proposto ou aprofundando as ideias apresentadas ao longo do debate do assunto.

A aplicação da estratégia pode ser realizada com uso de aplicativos como o Mentimeter (Figura 10), que permite a criação de uma nuvem de palavras, a fim de discutir aquelas que aparecem com mais ou menos intensidade, ou, ainda, utilizando o Google Jamboard (Figura 11), que é gratuito e permite que os estudantes coloquem *post-its* digitais no quadro, expressando as ideias tal qual em um *brainstorm* tradicional (físico).

Figura 10 *Brainstorm* com o uso do recurso nuvem de palavras, disponível no aplicativo Mentimeter.
Fonte: Mentimeter AB (c2021, documento *on-line*).

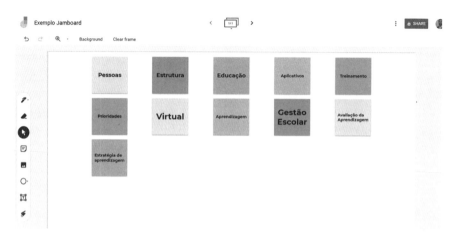

Figura 11 *Brainstorm* digital com o Google Jamboard.
Fonte: Google for Education (c2021, documento *on-line*).

Esta proposta pedagógica é bem versátil e se aplica também ao modelo presencial utilizando-se os mesmos princípios e recursos.

A avaliação da aprendizagem deve ser realizada conforme o objetivo da estratégia. Por exemplo, se o intuito é propor ideias para a solução de um problema, deve-se avaliar a qualidade da proposta e o quanto ela é resolutiva; se o objetivo é apenas conhecer e discutir um tema, pode-se usar como critério a participação e o engajamento dos estudantes.

O *brainstorm* pode ficar superinteressante atribuindo-se pontuações para os achados, para a descoberta, para a discussão, para a reflexão e para a proposição do problema a partir dele. Sob essa ótica, é possível fazer desta estratégia uma aprendizagem gamificada.

Ao gamificar o *Brainstorm*, o professor conseguirá maior engajamento, motivação e disposição do estudante para aprender. Quando uma pessoa está motivada, ela é capaz de aprender qualquer coisa, inclusive conteúdos mais complexos.

A estratégia Capa de revista possibilita que os estudantes apresentem, de forma bem criativa, seus conhecimentos acerca de uma teoria, do futuro de uma instituição, de um produto ou de uma solução. A ideia principal é produzir uma capa que demonstre acontecimentos, ações e projetos como se já tivessem acontecido. O propósito é idealizar um futuro sobre uma empresa ou um produto. Trata-se de uma atividade de visualização e pode ser usada de diversas formas.

- Capacidade de antecipação de ações concretas.
- Planejamento.
- Resolução de problemas.

1. O professor deve solicitar aos alunos que imaginem um assunto, teoria ou solução de um problema bastante relevante a ponto de tornar-se capa de revista e virar manchete nacional.
2. Após esse exercício imaginativo, o professor indicará qual será a ferramenta de edição utilizada e apresentará um passo a passo sobre como elaborar uma capa de revista tendo em vista os seguintes aspectos:
   a. Capa: grande manchete com o sucesso.
   b. Manchetes: exprimem a substância da matéria da capa.
   c. Matérias adicionais: revelam facetas interessantes sobre a matéria principal.
   d. Citações: podem ser de qualquer pessoa, desde que sejam relacionadas à matéria.
   e. Imagens: servem para ilustrar o conteúdo.
3. Após a explicação, o professor solicita que os alunos migrem para a sala de aula virtual em grupo e iniciem a fase do planejamento da produção, transpondo o conteúdo do texto em forma de capa de revista. Esta etapa não deve ultrapassar 10 minutos.
4. Com o *brainstorm* sobre o produto ou solução, os estudantes devem retornar à sala virtual de origem para que o professor se certifique de que todos compreenderam o que deve ser feito.
5. Pode-se reservar alguns minutos para ouvir as ideias dos estudantes e, na sequência, apresentar um exemplo de como pode ser elaborada a atividade.
6. Para ilustrar, veja o exemplo da Figura 12, de uma aula cujo tema é energia renovável. Nesse contexto, o professor pode solicitar que os estudantes pesquisem produtos de alto consumo de energia elétrica e como poderiam fazer para que se tornassem sustentáveis por meio da energia renovável.
7. Após as orientações, os estudantes devem retornar para a sala virtual com o grupo e iniciar a produção da capa de revista. Especificamente para esta atividade, o tempo para a conclusão pode ser de 30 minutos. Com o tempo esgotado, os estudantes devem retornar para a sala de origem para finalização.
8. Para o fechamento, os alunos devem apresentar suas capas de revista e o professor deve relacioná-las com os aspectos teóricos trabalhados, consolidando o processo de aprendizagem.

A sala de aula digital   83

Figura 12 Exemplo de capa de revista.

Para a produção da capa de revista existem aplicativos ou *softwares* específicos, mas que se diferenciam entre si em suas funcionalidades, como descrito a seguir.

- **FotoJet:** permite fazer uma montagem de suas fotos em famosas fotos de capas de revistas, como a *Time*, a *Fortune*, entre outras. Disponível em: https://www.fotojet.com/pt/features/misc/magazine-cover.html.
- **Canva:** oferece recursos para que qualquer usuário crie materiais gráficos, como *banners* em *sites*, *flyers* e cartões de visita de alta qualidade, para campanhas em redes sociais. Seu funcionamento é bastante simples: basta criar uma conta e o aplicativo funciona na nuvem, onde todos os trabalhos podem ser sincronizados. Disponível em: https://www.canva.com/pt_br/criar/capa-revista/.

Para publicação do resultado do desafio, os professores podem fomentar o *chat* ou mesmo algum outro recurso, como o Google Forms. Se quiserem deixar disponível para todos, podem utilizar o Padlet (https://padlet.com/) ou o Google Jamboard (https://gsuite.google.com/products/jamboard/) como mural digital.

Esta proposta pedagógica é bem versátil e se aplica aos modelos presencial e híbrido utilizando-se os mesmos princípios e recursos, apenas adaptando-se os grupos em sala de aula.

Em ambientes presenciais, a capa de revista pode ser feita com papel, canetinhas coloridas e recortes, bem como ser prevista uma etapa de prototipação feito à mão, para então passar para a produção digital.

Quanto maior o detalhamento da capa, maior foi a capacidade de demonstrar o conteúdo que aprendeu no texto. É importante considerar que a produção da capa de revista é uma alternativa para gerar uma importante evidência de aprendizagem, uma vez que o estudante terá a oportunidade de apresentar o conteúdo proposto de forma aplicada. Na avaliação, os critérios devem ser claros para os alunos, como a objetividade, a capacidade de síntese, a visão processual e a capacidade de representação das suas ideias. Pode-se atribuir nota ou dar *feedback* construtivo para a evolução do aprendizado.

Esta é uma estratégia de visualização, portanto, podem ser utilizados diversos cenários:

- No início de um período letivo, pode-se solicitar que o estudante monte a sua capa de revista ilustrando a expectativa do que almeja para a sua carreira, evidenciando a concretização do seu sonho.
- Pode-se imaginar as conquistas coletivas de um grupo ou instituição.
- É possível prever o lançamento de um novo produto, uma nova forma de gerenciar algo ou mesmo um serviço inovador.

O professor pode arquivar esta atividade e devolvê-la à turma ao término de um período para fortalecer o propósito.

ESTRATÉGIA 13:
Debate e argumentação com aplicativos de interação imediata

Esta estratégia tem como base a discussão de afirmações que exigem posicionamento e argumentação (defesa) acerca de diversos temas. O professor lança afirmações a respeito de um assunto e solicita aos estudantes que se posicionem (verdadeiro ou falso, concordo ou discordo) por meio de aplicativos. Após tomar partido, os alunos devem defender seus pontos de vista, argumentando porque concordam ou discordam daquela afirmação proposta.

Esta estratégia pode ser realizada com a turma toda ou, ainda, dividindo a sala em grupos para disputa argumentativa e debate.

- Análise.
- Colaboração.
- Pensamento crítico.
- Tomada de decisão.
- Argumentação oral.

1. A partir de um texto ou tema, o professor deve elaborar uma série de afirmações. Por exemplo: "A expectativa de vida das mulheres, comparada à dos homens, é maior"; "O fluxo de caixa de uma empresa pode ser utilizado como ferramenta de planejamento"; "Erros hospitalares ocorrem devido ao cansaço dos colaboradores".

2. A cada afirmação, os estudantes devem se posicionar, concordando ou discordando delas.
3. Posteriormente, o professor solicita que os estudantes apresentem argumentos e defendam seus pontos de vista. A argumentação e defesa devem ser racionais, embasadas em teoria, textos ou outros materiais que versem sobre o que está sendo estudado.
4. Uma vez que todos os argumentos são apresentados, os alunos devem chegar a um consenso e decidir coletivamente se concordam ou discordam. Ou seja, devem convencer uns aos outros acerca da sua perspectiva.
5. Ao final de cada rodada, após os estudantes ou grupos chegarem a algum consenso, o professor deve oferecer *feedback* a respeito da afirmação, esclarecendo eventuais dúvidas.

Sugere-se a utilização de aplicativos tipo *clickers*, tais como Socrative, Kahoot ou Mentimeter.

Esta proposta pedagógica é bem versátil e se aplica também ao modelo presencial utilizando-se os mesmos princípios e recursos. Em sala de aula tradicional, o professor pode utilizar *flashcards* e promover interação e discussão de tópicos.

A avaliação da aprendizagem deve ser realizada conforme o objetivo da estratégia, por exemplo, a compreensão do tema discutido a partir do debate. Assim, para cada afirmação discutida, ponderada e concluída com assertividade, o estudante ou grupo pode ter notas ou pontuações atribuídas. Ao final, pode ser disponibilizado um *ranking* de erros e acertos, o qual pode ser comunicado via ambiente virtual de aprendizagem, registrando a evidência da aprendizagem.

A aplicação da estratégia pode ser realizada e estimulada a partir da gamificação. Assim, ao estabelecer um sistema de pontuação por acertos e erros, os estudantes podem ser incentivados a apresentar suas perspectivas visando ganhar mais pontos no debate. Veja na Figura 13 um exemplo de sistema de pontuação para o debate.

Itens	Pontos
Acerto nas afirmações	100
Explicar para a turma o conceito/conteúdo (defesa)	30
Fazer comentários em relação à explicação realizada (réplica)	20
Responder as perguntas feitas pelo professor	10

Figura 13 Exemplo de sistema de pontuação para o debate.

Sugere-se que o professor enumere critérios e pontuações para gamificar o debate, de modo a incentivar a participação de todos. À medida que os estudantes avançam na discussão das afirmações, têm a oportunidade de ganhar mais pontos. Ao final, quem tiver maior número de pontos ganha a disputa.

ESTRATÉGIA 14: Desafios imersivos

Os desafios imersivos são atividades pedagógicas com foco na aprendizagem experiencial. O ponto mais importante é oportunizar ao estudante a resolução de problemas por meio de uma situação concreta, na qual ele terá de assumir papéis e tomar decisões. Isso significa que o comando da atividade precisa inserir o aluno em uma realidade para que ele possa exercer tal prática. Em síntese, consiste em criar personagens e enquadrá-los em uma situação, desafio ou problema que se busca resolver.

Como parte desta estratégia é proporcionar ao estudante uma experiência muito próxima ou real da atuação profissional, o diferencial está na apresentação do conhecimento por meio de uma situação-problema. Observe o comando da atividade:

> Você acaba de concluir sua formação no curso de pedagogia e foi contratado para ser professor no 5º ano do primeiro ciclo do ensino fundamental de uma escola renomada da sua cidade. Ocorre que na reunião com a coordenação pedagógica você foi informado que terá de entregar em todas as suas aulas um **roteiro de aprendizagem** para que os estudantes possam realizar as atividades previstas. Além disso, a coordenadora enfatizou que a escola tem como uma das principais premissas o desenvolvimento das competências digitais em seus estudantes e, por isso, incentiva o uso de diversas ferramentas tecnológicas durante todo o processo de ensino e aprendizagem. Diante dessa situação, você, como professor recém-contratado, deverá elaborar o seu primeiro roteiro de aprendizagem levando em consideração o conteúdo, a sequência didática e os objetivos de aprendizagem. Vamos lá!

É possível perceber os seguintes aspectos:

- **Resolver um problema:** elaborar um roteiro de aprendizagem prevendo o uso de algum recurso.
- **Assumir papéis:** professor recém-contratado.
- **Tomar decisões:** escolher a forma de elaborar o roteiro, optar por um recurso tecnológico.

Os desafios imersivos, quando bem planejados, contribuem para mobilizar as competências desejadas, sejam elas intelectuais, emocionais ou comportamentais. Uma aprendizagem baseada em desafios também permite:

- Atrair a atenção dos alunos para o conteúdo.
- Experimentar e "aprender fazendo".
- Praticar o conhecimento quantas vezes for necessário.
- Promover a atenção focada.
- Ofertar experiências de aprendizagem que estejam ligadas às diferentes formas de aprender dos estudantes.
- Planejar de forma personalizada e acompanhar individualmente cada aluno.
- Aproximar a realidade com o cotidiano do aluno.

Ver-se dentro de uma história ou assumir um papel profissional para resolução de um problema proporciona uma experiência empática que gera engajamento e estimula a autonomia.

- Resolução de problemas.
- Tomada de decisão.
- Exercício da liderança e da ética profissional.
- Desenvolvimento da autonomia intelectual.

1. O professor deve elaborar um desafio imersivo com base no conteúdo abordado.
2. Depois, deve escolher a ferramenta e o momento ideal para lançar o desafio: pode ser no início da aula, no meio ou mesmo no final, como uma atividade avaliativa.
3. É necessário certificar-se de que todos tenham compreendido como resolver o desafio e atribuir o tempo necessário para a tarefa. Com relação ao tempo, são suficientes 5 minutos para a resolução de comandos simples e no máximo 20 para comandos complexos.
4. Para engajar os estudantes, uma boa ideia é fomentar a resposta no *chat* ou mesmo por meio da exposição oral (microfone aberto).
5. Caso a resolução do desafio imersivo seja mais complexa ou seja feita em grupo, antes de os alunos deixarem a sala virtual de origem para se encaminharem para a sala do grupo, deve-se ter o cuidado de especificar o meio de compartilhamento da resposta e o tempo de solução, que pode variar de acordo com o comando.
6. No fechamento da atividade é importante que o professor relacione as respostas dos estudantes com o conteúdo teórico apresentado.

Para apresentar o desafio imersivo na sala de aula virtual, é necessário apenas elaborar o comando da atividade e apresentá-lo no Powerpoint. Caso o docente prefira deixar o material mais atrativo, pode utilizar um aplicativo de edição, como o Canva (www.canva.com).

Para publicação do resultado do desafio, os professores podem fomentar o *chat* ou mesmo algum outro recurso, como o Google Forms. Se quiserem deixar disponível para todos, podem utilizar o Padlet (https://padlet.com/) ou o Google Jamboard (https://gsuite.google.com/products/jamboard/) como mural digital.

Por ser muito simples e versátil, a adaptação desta proposta pedagógica para contextos presenciais ou híbridos não terá muito impacto. Demonstrar este desafio com o recurso que estiver disponível e solicitar que os estudantes compartilhem de forma oral, ou por meio da entrega de uma atividade escrita, é suficiente.

Os desafios imersivos são excelentes alternativas para gerar uma importante evidência de aprendizagem, uma vez que o estudante terá que representar o conteúdo proposto de forma evidente e aplicada. Além disso, é uma forma de trabalhar com a prática em contextos virtualizados.

Na avaliação, os critérios devem ser claros para os alunos, como a objetividade, a capacidade de síntese, a solução do problema e a capacidade de representação das suas escolhas com base no conteúdo esperado. Pode-se atribuir nota ou dar *feedback* construtivo para a evolução do aprendizado.

Os desafios imersivos são excelentes possibilidades pedagógicas pela simplicidade de aplicação e capacidade de gerar engajamento dos estudantes, mas tudo depende do comando da atividade, por isso, a primeira dica incrível é caprichar na sua elaboração. Quanto mais claro, melhor!

Quando o professor for apresentar um desafio imersivo, ele sempre precisa deixar claro que se trata de uma atividade prática. Ao escrever o comando, melhor iniciar com frases do tipo: "Suponha que você...", "Como profissional...", "Imagine que...", etc. Veja um exemplo na Figura 14.

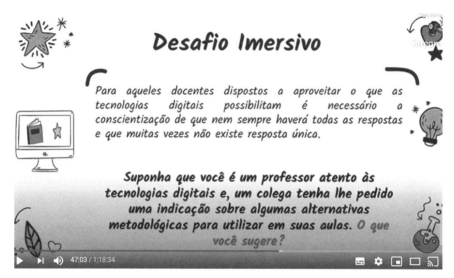

Figura 14 Desafio lançado para estudantes de licenciaturas no início da aula transmitida pelo YouTube.

Considerando que em uma sala de aula virtual, ou em uma transmissão estilo *live*, o professor lança o desafio, os estudantes apresentam a solução por meio do *chat* ou com o microfone aberto e na sequência o conteúdo estabelecendo relações com as soluções propostas já é apresentado, esta estratégia é excelente para verificar se a turma está atenta.

Se o professor sentir necessidade, pode lançar o mesmo desafio novamente para verificar se, de fato, os estudantes compreenderam os elementos essenciais do conteúdo proposto.

A última dica incrível é que o estudante ou o grupo podem postar essa evidência de aprendizagem em outras plataformas, como o Padlet ou o Google Jamboard, e encorajar os colegas a comentarem, questionarem e fornecerem *feedback* sobre a solução apresentada. Depois ainda é possível atribuir nota aos comentários deixados no *post*.

ESTRATÉGIA 15:
Digital storytelling (histórias digitais)

Com a diversidade de recursos tecnológicos digitais que possibilitam a representação e a contação de histórias disponíveis, a estratégia intitulada *Digital storytelling* (histórias digitais, em português) tem sido uma opção cada vez mais procurada em diversas áreas do conhecimento por estar relacionada ao objetivo de dar voz às pessoas, com o intuito de promover mudanças sociais.

Na educação não é diferente, com base na *Educational Uses of Digital Storytelling* (UNIVERSITY OF HOUSTON, 2021), as histórias digitais têm sido cada vez mais utilizadas nas salas de aula de todo o mundo, justamente por representar "[...] alguma mistura de imagens digitais, texto, narração oral gravada, videoclipes, e/ou música [...] variando de histórias pessoais a eventos históricos, de exploração da vida de alguém em sua própria comunidade à busca de vida em outros cantos do universo, e todo o conteúdo possível entre eles".

Em síntese, trata-se da criação de uma narrativa com personagens, enquadrando-os em uma determinada situação, desafio ou problema que se busca resolver, apresentada de forma digital (Figura 15). Nesta estratégia, é possível usar a narrativa aplicada à elaboração de histórias em quadrinhos. Procura-se tornar mais pessoal e humano um conceito que é abstrato, ampliando a capacidade de estabelecer empatia com os leitores e ouvintes da história, buscando a sua compreensão e visão acerca do problema, evento ou situação, a fim de encontrar suas causas e resolução.

É considerada uma poderosa ferramenta para compartilhar conhecimento, a partir da narrativa de fatos reais ou fictícios, sendo capaz de manter a atenção das pessoas por um período mais prolongado, ao proporcionar um ambiente criativo e colaborativo para sua elaboração.

Além disso, eventualmente a história pode ser contada a partir da solução de problemas que foi encontrada, procurando aprofundar e obter *feedback* sobre o tema trabalhado.

O processo de construção da narrativa digital possibilita a aprendizagem ativa pois fomenta o compartilhamento de saberes e amplia as competências e as habilidades dos estudantes.

A sala de aula digital 93

Figura 15 Exemplo de narrativa digital apresentada em diversos dispositivos.

- Argumentação oral e escrita.
- Criatividade.
- Cooperação e colaboração.
- Empatia.

1. Com o tema definido, o professor deve propor aos estudantes a elaboração de uma história digital. Para isso, é preciso considerar que a produção de uma história digital deve ter, no mínimo, cinco elementos:

a. personagem;

b. a personagem deve ter desejos, necessidades, problemas, conflitos ou obstáculos;

c. ela deve superar obstáculos;

d. fazer escolhas;

e. e passar por um processo de transformação (para melhor).

2. Na sequência, o docente pode fornecer exemplos para que os estudantes possam ser capazes de criar personagens. Depois, os alunos devem dar-lhes vida por meio de fotos, desenhos e descrições, com mais subsídios à história que pretendem contar. Todo o material pode ser compartilhado de forma virtual.

3. O professor deve definir a forma de apresentação ou elencar os recursos disponíveis específicos para este fim, bem como escolher se a atividade será elaborada individualmente ou em grupo. Caso seja em grupo, o estudante deve retirar-se da sala de origem e migrar para a nova sala virtual para realização da atividade em grupo.

4. Para cada grupo, o professor deve fornecer um problema, situação ou evento, e solicitar que criem uma história a partir dele.

5. Recomenda-se que, ao contar a história digital, os alunos não devem apenas relatar uma situação ou fato, mas procurar revelar *insights* e experiências que representem a situação, o problema ou a solução que encontraram, de modo real. Devem ainda instigar e buscar a curiosidade de quem vai lê-la ou ouvi-la.

6. Como é uma atividade que exige um pouco mais de tempo que o comum, dados os processos de elaboração da própria história e, posteriormente, o uso de recurso para ilustração, o professor pode realizá-la em etapas usando duas ou mais aulas, ou, ainda, deixando como tarefa de casa.

7. Após criar a história, o grupo deve "vendê-la" para outro grupo. Nesse momento, o professor pode limitar o tempo, utilizando-se, por exemplo, de 1 a 3 minutos para isso.

8. Enquanto o líder do grupo "vende" a história, os demais grupos escutam e fazem anotações para darem *feedback*. Todos os grupos devem apresentar a sua história, a fim de buscar a solução ou aprofundar-se na solução apresentada pelos colegas.

9. O professor encerra a atividade promovendo uma discussão e relacionando as narrativas com o conteúdo trabalhado, consolidando a aprendizagem.

Para a produção do *Digital Storytelling* existem aplicativos ou *softwares* específicos, mas que se diferenciam entre si em suas funcionalidades, como descrito a seguir.

- **Canva:** permite a criação de histórias ilustradas.
- **GoAnimate:** pode ajudar a elaborar pequenas animações. Oferece personagens, cenários e objetos para serem personalizados.
- **ReadWriteThink:** permite escolher diferentes *templates* para criar histórias. Em cada um dos quadrinhos é possível incluir personagens, balõezinhos e textos. Ao terminar, o usuário pode imprimir sua revista e colorir.
- **ToonDoo:** gera uma espécie de vídeo animado por meio da disponibilização de ferramentas que auxiliam a criar histórias em quadrinhos ou outros tipos de narrativas.
- **Stripcreator:** possibilita criar e compartilhar histórias curtas, com até três quadrinhos. No *site*, o usuário pode escolher entre diversos personagens e cenários para montar a sua tirinha e compartilhar a sua criação.
- **Pencil:** permite que professores e alunos criem suas próprias ilustrações, com desenhos feitos à mão e no estilo cartum.
- **Livros Digitais:** o usuário pode criar e editar livros digitais de forma simples e personalizável, bem como publicá-los, caso tenha interesse.
- **Make Beliefs Comix:** permite a elaboração de histórias em quadrinhos de forma simples, divertida e personalizável.

Esta proposta pedagógica é bem versátil e se aplica aos modelos presencial e híbrido utilizando-se os mesmos princípios e recursos, apenas adaptando-se os grupos em sala de aula.

Em ambientes presenciais, a produção da história pode ser feita com papel e canetinhas coloridas, bem como ser prevista uma etapa de prototipação feito à mão, para então passar para a produção digital.

COMO AVALIAR A EXPERIÊNCIA DE APRENDIZAGEM

A produção de histórias digitais é uma alternativa para gerar uma importante evidência de aprendizagem, uma vez que o estudante terá a oportunidade de apresentar o conteúdo proposto de forma aplicada. Na avaliação, os critérios devem ser claros para os alunos, como a objetividade, a capacidade de síntese, a visão processual e a capacidade de representação das suas ideias. Pode-se atribuir nota ou dar *feedback* construtivo para a evolução do aprendizado.

DICAS INCRÍVEIS

É importante delimitar o número de quadros. Em geral pode-se propor de 3 a 10 quadros, dependendo do tema abordado.

A história pode ser criada com base em pesquisa exploratória, capaz de exemplificar uma situação real, ou seja, pode surgir da observação de comportamentos e da captura de histórias e citações reais que os alunos julguem memoráveis.

Por ser uma estratégia bem versátil, pode-se ainda combinar a elaboração da história digital com a jornada do usuário e a criação de personas para os personagens, bem como outras possibilidades conforme a criatividade do professor.

A última dica incrível é que o estudante ou o grupo podem postar essa evidência de aprendizagem em outras plataformas, como o Padlet ou o Google Jamboard, e encorajar os colegas a comentarem, questionarem e fornecerem *feedback* sobre a solução apresentada. Depois ainda é possível atribuir nota aos comentários deixados no *post*.

ESTRATÉGIA 16:
Entrevista remota com especialistas

Entrevistar pessoas para conhecer e aprofundar algum tema pode ser útil na medida em que fornece informações contextualizadas e experiências de vida.

Na internet é possível encontrar inúmeras ferramentas que otimizam a realização de entrevistas, sem a necessidade de sair de casa, permitindo ao estudante maior contato com profissionais, maior troca e compartilhamento de ideias, sejam elas relacionadas a algum assunto específico, solução de um problema real ou área de atuação profissional.

- Investigação.
- Auto e heterorreflexão.
- Empatia.
- Comunicação oral.
- Comunicação escrita.

1. Antes de realizar uma entrevista é importante definir o seu roteiro. Assim, sugere-se que seja elaborado um roteiro de entrevistas.
2. Ele deve atender o assunto que se quer conhecer com maior profundidade. Por exemplo, se deseja conhecer áreas de atuação de uma profissão, o roteiro deve ir ao encontro desse objetivo. Nesse ponto, o estudante deve pensar nas questões que gostaria de investigar e anotar as principais dúvidas.
3. Uma alternativa é levantar as palavras-chave relacionadas ao assunto e as principais dificuldades encontradas a respeito do tema.
4. Após a elaboração do roteiro, os estudantes deverão escolher pelo menos três pessoas para entrevistarem. Elas podem ser especialistas ou profissionais com experiência na área.
5. Após definir os entrevistados, deve-se elaborar o convite para a entrevista. Nele, deve-se ressaltar que ela tem caráter de aprendizagem e que a contribuição profissional é muito importante para o desenvolvimento de carreira.
6. Sugere-se que a entrevista seja breve e objetiva, ou seja, que não leve mais do que 30 ou 40 minutos.
7. Posteriormente, deve-se fazer a transcrição e tabulação das entrevistas.
8. Os dados coletados podem ser comunicados por meio do uso de aplicativos que formem, por exemplo, uma nuvem de palavras, destacando os achados das entrevistas.
9. Elencar similaridades e divergências nas falas pode ser um caminho para revelar e traduzir o que o entrevistado quis dizer, de forma a permitir a comparação entre as entrevistas.

10. Ao final, com a tabulação e a entrega dos registros, sugere-se que o professor promova a discussão com toda a turma, ou, ainda, a construção de quadro de dúvidas e respostas virtual, o qual pode ser compartilhado no ambiente virtual de aprendizagem.

O roteiro da entrevista pode ser feito por meio do Google Forms ou do Encuesta Fácil. Sugere-se a utilização de recursos digitais para a confecção de convites, como o Canva, ou aplicativos de apresentação. Para a realização da entrevista é possível utilizar qualquer aplicativo de interação remota, como Google Meet, Microsoft Teams, Zoom, Blackboard Collaborate, entre outros.

Esta proposta pedagógica é bem versátil e se aplica aos modelos presencial e híbrido utilizando-se os mesmos princípios e recursos. Em sala de aula tradicional, o professor, ao final do tempo destinado à elaboração, pode solicitar aos estudantes que apresentem os principais resultados coletados com as entrevistas, estimulando a interação e a participação de todos. Se desejar, pode montar um quadro com as principais informações coletadas.

A avaliação pode ser realizada com base na capacidade de extrair e sintetizar informações de uma entrevista. A tabulação das entrevistas, quando postadas no ambiente virtual de aprendizagem, gera um registro de evidência de aprendizagem que permite fornecer *feedback* e apontamentos de melhorias, além de contribuir para o enriquecimento do portfólio de atividades realizadas pelo estudante.

É importante que o professor ajude o estudante a organizar um roteiro de entrevista e o prepare para realizá-la. Podem ser ensinadas técnicas de apresentação e comunicação oral. Para muitos, se aprende mais quando se coloca a "mão na massa", ou seja, fazendo. A entrevista é uma forma de desenvolver a comunicação oral e a comunicação escrita.

A estratégia pode ser mais efetiva e valorizada pelos estudantes quando aplicada com profissionais que sejam referência em sua área, independentemente do local onde estão, pois espera-se que a entrevista remota (virtual) transcenda barreiras físicas e de distanciamento geográfico.

A entrevista remota pode ser muito útil na solução de problemas, colocando o entrevistado no papel de mentor de determinado projeto, na construção e elaboração de artefatos do saber. Pode proporcionar ao estudante o estabelecimento de uma rede de contatos (*network*) profissional.

ESTRATÉGIA 17:

Expedições a museus virtuais

As visitas aos museus devem compor o aprendizado dos estudantes por colocá-los diante de objetos que constituem a história e o patrimônio cultural da humanidade.

Assim, com o intuito de ampliar as possibilidades metodológicas que evidenciam o trabalho com o patrimônio cultural, propomos a estratégia Expedições a museus virtuais. Trata-se de uma nova possibilidade disponibilizada pela ampliação dos recursos tecnológicos que possibilitam aos professores fazer uma abordagem analítica da história por meio dos acervos disponíveis em museus do mundo todo.

Como estratégia pedagógica, é fundamental que se elabore um desafio com uma narrativa que envolva os estudantes, de forma que a buscar a resolução de problemas, a localização de algo relevante ou mesmo a visualização de um fenômeno ou sistema para, então, relacionar com o conteúdo proposto.

A aplicação da técnica pode ser feita em sala de aula com o professor guiando a visita e abordando os pontos em destaque, ou, ainda, permitindo que os próprios alunos façam a visitação virtual de modo autônomo, explorando os assuntos de seu interesse.

Nos acervos virtuais de museus do mundo todo, a disponibilização de fotos e documentos digitalizados são recursos fundamentais. Por isso, esse tipo de visita pode ser feita de duas maneiras: por meio de fotografias em 360º e panorâmicas do museu físico, que permitem um passeio pelo espaço e a observação das obras; ou por meio da adaptação do acervo para o formato digital, o que dinamiza a aula e desperta o interesse dos estudantes.

- Pensamento crítico.
- Investigação.
- Pensamento antropológico, cultural e histórico.

1. Após determinar o conteúdo a ser trabalhado e o museu a ser visitado, o professor deve elaborar questões, desafios ou roteiros de visitação. A instrução da atividade precisa ser envolvente e desafiadora, deve-se evitar questões do tipo "O que é" e "Conceitue", a fim de garantir o engajamento dos alunos.
2. Na instrução da atividade, o professor pode pedir para que selecionem um objeto ou uma obra a fim de criar uma espécie de inventário. Nesse caso, os alunos podem produzir uma ficha de inventário com o registro de imagem como suporte.
3. O docente lança o desafio no *chat*.
4. Esta atividade pode ser realizada individualmente ou por meio da condução do professor compartilhando a sua tela. Depois da expedição feita, o professor deve atribuir um tempo para que os estudantes realizem a tarefa.
5. Após o momento da visitação virtual, o professor pode fazer questionamentos como "O que chamou sua atenção?", "Como avalia a expedição virtual?", "O que aprendeu além do conteúdo?", etc.
6. Além disso, pode-se solicitar uma produção textual na qual o aluno faça uma análise acerca da importância do patrimônio histórico ou sobre a conjuntura estudada pela qual ele seja instigado, relacionando-a com um ou mais itens vistos na visita virtual.
7. Sugere-se que o professor fale sobre o desafio elaborado, o tempo para resolução, entre outros aspectos, relacionando-os com o conteúdo trabalhado, consolidando a aprendizagem.

Existem muitos *sites* disponíveis que podem ser utilizados para aplicação desta estratégia. Confira algumas opções:

- Metropolitan Museum of Art (Nova York, Estados Unidos): https://www.metmuseum.org/.
- Pinacoteca (São Paulo, Brasil): http://pinacoteca.org.br/.
- Instituto Inhotim (Brumadinho, Brasil): https://artsandculture.google.com/partner/inhotim?hl=pt-br.
- Museu do Vaticano (Cidade do Vaticano, Itália): http://www.museivaticani.va/content/museivaticani/en.html.
- Galeria Uffizi (Florença, Itália): https://www.uffizi.it/gli-uffizi.
- Museu de Arte de São Paulo (São Paulo, Brasil): https://masp.org.br/.
- Museu da Acrópole (Atenas, Grécia): https://www.theacropolismuseum.gr/.

Em especial, recomendamos o Google Arts & Culture (https://artsandculture.google.com/), ferramenta disponibilizada pelo Google para visitação a museus no mundo todo por meio da tecnologia do *Street View*. Além disso, permite que os estudantes vejam exposições virtuais e interajam com inúmeras obras de artes disponíveis no acervo.

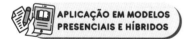

Esta proposta pedagógica é bem versátil e se aplica aos modelos presencial e híbrido utilizando-se os mesmos princípios e recursos. Pode-se realizar presencialmente uma visita ao museu da cidade.

A excursão a museus virtuais é uma excelente alternativa para gerar uma importante evidência de aprendizagem, uma vez que o estudante terá que representar o conteúdo proposto de forma evidente e aplicada. Na avaliação, os critérios devem ser claros para os alunos, como a objetividade, a capacidade de síntese, a visão processual e a capacidade de representação das suas ideias. Pode-se atribuir nota ou dar *feedback* construtivo para a evolução do aprendizado.

 **DICAS INCRÍVEIS**

Apenas solicitar a exploração dos ambientes nem sempre pode gerar o engajamento esperado, especialmente com estudantes da educação básica. Por isso, a sugestão é que o comando da atividade convide os estudantes a realizarem as expedições a fim de conhecer algo relacionado ao conteúdo, entre outras possibilidades que a tecnologia associada a uma metodologia possibilita. Deixaremos, a seguir, outros *sites* que podem complementar a atividade:

- https://www.educamuseu.com/publicacoes
- http://eravirtual.org/
- http://portal.iphan.gov.br/
- http://www.unesco.org/new/pt/brasilia

ESTRATÉGIA 18:
Fórum invertido

O fórum de discussão é uma estratégia bem conhecida, em especial no EaD. Em síntese, trata-se de lançar uma questão para que os estudantes respondam. Para tornar a tarefa dinâmica, o professor geralmente busca deixar comentários ou mesmo fomentar a discussão entre os pares. Entretanto, com base na afirmação atribuída a Tony Robbins, "A melhor maneira de conseguir respostas melhores é começar fazendo perguntas melhores", adaptamos o fórum de discussão e criamos a estratégia Fórum invertido. Isso significa que os estudantes devem lançar perguntas e não focar nas respostas corretas. É uma proposta de aprendizagem ativa na qual muito engajamento é gerado por meio do levantamento de questões.

 **COMPETÊNCIAS**

- Investigação.
- Solução de problemas.
- Comunicação oral.

- Comunicação escrita.
- Pensamento crítico.
- Argumentação.

1. A partir do conteúdo trabalhado, o professor seleciona um tema para que os estudantes elaborem as questões.
2. Depois, submete o tema na plataforma, por meio do fórum ou mesmo do *chat*, e estabelece o tempo que considera adequado, devendo ser previamente estabelecido.
3. O professor precisa escolher um tópico desafiador e envolvente para que os estudantes se sintam mobilizados a elaborar as próprias questões, as quais podem ser respondidas pelos colegas com a mediação e o direcionamento do docente.
4. A seguir, veja um exemplo da atividade, que pode ser usada em uma disciplina de logística.
5. Depois de o professor explicar a necessidade de garantir uma boa logística, bem como novas formas de realizar esta operação, ele seleciona um artigo sobre a Prime Air, da Amazon, mostra o vídeo com o detalhamento da operação[1] e, na sequência, faz o seguinte desafio:

> A Prime Air atualmente está em desenvolvimento pela Amazon e é um serviço que utiliza drones para enviar pacotes individuais de forma autônoma aos clientes em até 30 minutos após o pedido. Para se qualificar para esse tipo de envio, o produto deve pesar menos de 2,25 kg, ser pequeno o suficiente para caber na caixa de carga que a embarcação irá transportar e ter um local de entrega de 16 km em um raio de um centro de atendimento de pedidos da Amazon.
> Imagine que você quer ampliar o seu negócio e irá adotar a entrega de produtos por meio de drones da Amazon. Quais perguntas precisam ser respondidas antes de adotar essa forma de envio?

---

[1] AMAZON Prime Air's First Customer Delivery. 2016. 1 vídeo (2 min). Disponível em: https://www.youtube.com/watch?time_continue=85&v=vNySOrI2Ny8&feature=emb_logo. Acesso em: 18 fev. 2021.

6. A ideia é que os estudantes passem a fazer as melhores perguntas, esgotando as possibilidades. Nesta etapa, os próprios colegas podem responder às questões e fazer novas perguntas.
7. Para o fechamento, sugere-se que o professor dialogue sobre o desafio elaborado com base nas perguntas dos alunos, fornecendo as respostas de forma conjunta, consolidando a aprendizagem.

Para aplicação do fórum invertido, o professor pode usar o próprio ambiente "fórum", caso a plataforma possibilite, ou o *chat* da sala de aula virtual.

Esta proposta pedagógica é bem versátil e se aplica aos modelos presencial e híbrido utilizando-se os mesmos princípios e recursos. Ao utilizá-la no modelo presencial, o professor pode solicitar aos estudantes que registrem suas perguntas no quadro, criando uma espécie de "quadro do questionamento" para, então, na sequência, o professor fazer suas considerações e fomentar a participação de todos.

A avaliação pode ser realizada com base na capacidade de elaborar questões relevantes que solicitem as informações necessárias para o tema abordado. Quando submetidas ao ambiente virtual de aprendizagem, geram um registro de evidência de aprendizagem que permite fornecer *feedback* e apontamentos de melhorias, além de contribuir para o enriquecimento do portfólio de atividades realizadas pelo estudante.

É importante que o professor ajude o estudante a se organizar previamente. A estratégia pode ser mais efetiva e mais valorizada quando os objetivos estão claros para a turma. Para a escolha das temáticas, sugere-se que sejam buscados conteúdos que possibilitem construir propostas coletivas, por exemplo, consumo mais consciente, criação de soluções tecnológicas, reutilização ou reciclagem de algum material consumido na escola e/ou no cotidiano, etc. Outra dica incrível é levar grandes inovações do conteúdo ou área estudada para o fórum invertido.

A aprendizagem virtual pode ter resultados melhores com o gerenciamento correto, o qual contempla desde a fase de planejamento até a de término. Com o uso de ferramentas virtuais de aprendizagem, a gestão da sala de aula virtual pode ser otimizada (tempo e recursos) e ser mais interativa, promovendo a colaboração e o *feedback* para o desenvolvimento pessoal e profissional dos estudantes.

- Planejamento.
- Organização.
- Colaboração.

1. A gestão da aprendizagem inicia-se com o planejamento. Assim, primeiro deve-se definir os objetivos de aprendizagem (ou competências) e como se espera atingi-los. Depois, deve-se planejar cada atividade e, por fim, disponibilizar, para cada etapa, o conteúdo necessário para instrumentalizar o estudante a atingir o objetivo proposto. Veja na Figura 16 um modelo de planilha para essa organização.

Objetivo de aprendizagem ou competência geral	Entregas	Etapas	Conteúdos (para cada etapa)
1.	1.	1.1	1.1.1 1.1.2 1.1.3
	2.	2.2	2.2.1 2.2.2 2.2.3

Figura 16 Modelo de planilha para a gestão de aprendizagem.

2. Esse planejamento permitirá organizar o ambiente virtual de aprendizagem (ou a ferramenta) de acordo com cada etapa.
3. O professor deve definir e atribuir as tarefas a serem realizadas em cada etapa por grupos ou equipes. É importante criar um espaço no ambiente virtual (ou com uso da ferramenta) em que o estudante visualize esse planejamento.
4. As atividades, materiais e *feedback* devem ser reunidos na plataforma. Se desejar, o docente pode compartilhar esse espaço com outros professores.
5. Antes de iniciar a atividade, os estudantes já devem estar na plataforma (veja a caixa de ferramentas). Eles podem ser convidados a ingressar por meio de avisos no mural ou recurso semelhante.
6. Cada etapa precisa ser agendada de modo a atender o cronograma previsto no planejamento, com *checklists* e entregas bem definidos. As entregas podem ser relatório, resumo, resenha, gráfico (ou interpretação), resolução de exercícios, etc.
7. O professor deve fornecer *feedback* à medida que o estudante avançar no desenvolvimento das tarefas.

Para gestão da aprendizagem, sugere-se o uso do Trello, que permite o gerenciamento por meio do uso de quadros (Kanban). Pode ser destinado um quadro para um grupo de alunos e, a partir deste, estabelecer *checklists* e prazos, anexar materiais, inserir comentários e orientações. O Trello é prático e visual, permitindo que o professor dê orientações de suas atividades com cartões, etiquetas e cores, bem como envie notificações.

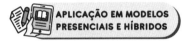

Esta proposta pedagógica é bem versátil e se aplica aos modelos presencial e híbrido utilizando-se os mesmos princípios e recursos.

Ao estabelecer *checklists* e entregas, o estudante gera evidências para a gestão da aprendizagem. Cada registro ou entrega pode compor uma nota parcial (avaliação formativa). A gestão da aprendizagem, com o uso de aplicativos, ainda prevê devolutivas.

Com o uso do Trello, ao criar quadros (Kanban), sugere-se a organização de cartões de acordo com o cronograma e os prazos de entrega. Para isso, eles podem ser colocados em quatro colunas: para fazer, em andamento, concluído e entrega, conforme mostrado na Figura 17.

Figura 17 Exemplo de gestão da aprendizagem com o uso do Trello.
Fonte: Atlassian (c2021, documento *on-line*).

ESTRATÉGIA 20:
Glossário virtual

A estratégia Glossário virtual pode ser usada de forma pontual, quando o professor aborda um tema que exige o conhecimento de novos termos, ou de maneira recorrente, à medida que novos termos ou expressões surgem durante a condução de um curso ou disciplina. Seu objetivo é definir com clareza um conjunto de significados para novos termos, a fim de que o grupo tenha um vocabulário comum.

Para realizar esta atividade, o professor seleciona uma ferramenta colaborativa de edição e organiza, em ordem alfabética, os termos com suas respectivas definições, e, quando possível, insere ilustrações. É importante que o professor responsabilize um estudante diferente para contribuir na produção do glossário virtual a cada nova palavra ou expressão, de forma que todos construam coletivamente e recorram quando necessário.

- Trabalho em equipe.
- Autonomia.
- Senso crítico.
- Troca de informações.
- Associação e desenvolvimento de ideias.
- Ampliação do vocabulário.

1. O professor deve apresentar a proposta da atividade como uma forma de estabelecer uma linguagem comum no grupo. Outro ponto de destaque é que, após a apresentação do plano de ensino ou de um texto introdutório, seja solicitado aos alunos que sinalizem, de forma individual, as palavras que não compreenderam, postando-as no *chat*.
2. Com as palavras fornecidas pelos estudantes, o professor pode mostrar a importância da construção do glossário e assim iniciar a atividade.
3. Na sequência, fornece o *link* de acesso ao glossário virtual, que deve estar previamente organizado, e solicita que os estudantes (ou grupos) registrem o significado dos termos ou expressões, e, quando possível, insiram ilustrações.
4. É importante que o estudante utilize suas próprias palavras para definir os novos termos.
5. Para que todos possam contribuir, o professor pode solicitar que diferentes alunos acrescentem os significados a cada nova palavra.
6. Os alunos devem apresentar, espontaneamente, todas as ideias que surgirem, sem elaborações ou considerações.
7. O fechamento pode ser feito a cada nova palavra ou expressão adicionada ao glossário virtual.

A aplicação da estratégia pode ser realizada com o uso de aplicativos como o Canva ou apresentações do Google Jamboard.

Para encontrar ilustrações para o glossário visual, sugere-se o Flatcon (https://www.flaticon.com/), onde é possível encontrar milhares de ícones gratuitos para representações visuais.

Esta proposta pedagógica é bem versátil e se aplica também ao modelo presencial utilizando-se os mesmos princípios e recursos.

A avaliação da aprendizagem deve ser realizada conforme o objetivo pretendido com a estratégia, por exemplo, levando-se em consideração a capacidade de escrita, a participação e o engajamento dos estudantes.

Não tente definir todas as palavras de uma única vez, pois pode levar muito tempo e a atividade perder o foco. A produção de um glossário visual será muito útil mesmo quando a disciplina ou o curso forem concluídos.

ESTRATÉGIA 21:
Go and win (Vá e vença)

Go and win é uma estratégia pedagógica que gera muito engajamento por se tratar da resolução de desafios, com a apresentação de problemas reais, por meio de questões objetivas e de resposta única.

Nesta abordagem, o professor elabora uma ou mais questões e programa o *software* com um tempo de duração definido. Findados os minutos, caso o estudante não tenha finalizado a atividade, o programa se encerra, mostrando os resultados parciais obtidos. Caso termine antes do tempo, o estudante também recebe o *feedback* sobre a porcentagem de acerto e quais eram as respostas corretas para as questões que errou.

O interessante desta atividade é que, ao finalizar o desafio, o próprio programa gera um certificado em formato PDF com o nome do desafio, o nome do estudante e o escore obtido (Figura 18). A tarefa pode ser aplicada individualmente ou em grupo, e vence aquele que finalizar no tempo previsto e com a maior pontuação.

Figura 18 Certificado gerado para o desafio "prática inovadora".
Fonte: Proprofs (c2021, documento *on-line*).

- Resolução de problemas.
- Tomada de decisão.
- Gestão do tempo.
- Interpretação.
- Trabalho em grupo.

1. A partir do tema a ser trabalho, o professor deve elaborar questões com respostas objetivas para submeter na plataforma. A instrução da atividade precisa ser envolvente e desafiadora, deve-se evitar questões do tipo "O que é" e "Conceitue", a fim de garantir o engajamento dos alunos.
2. O professor também precisa escolher um nome para o desafio, para que fique registrado no certificado que a plataforma irá gerar ao final.
3. Depois, deve submeter as questões na plataforma, estabelecer o tempo que considera adequado (lembrando que a plataforma ficará ativa com base no tempo estabelecido), gerar o *link* e lançar o desafio aos estudantes no *chat*.
4. Esta atividade pode ser realizada individualmente ou em grupo. Caso seja em grupo, os estudantes devem se direcionar à sala virtual do grupo para iniciá-la.
5. Com o tempo esgotado, eles retornam à sala virtual de origem para o fechamento da atividade pelo professor.
6. Nessa etapa, é importante que o docente solicite aos estudantes que compartilhem o certificado, a fim de definirem o grupo ganhador e parabenizá-lo. Vale ressaltar que, independentemente do resultado, é importante que o professor corrija as questões uma a uma, dialogando sobre o desafio elaborado, o tempo para a resolução, etc., consolidando a aprendizagem.

Especificamente para esta atividade, que leva em consideração a emissão do certificado com escore atrelado a um tempo preestabelecido, a ferramenta indicada é a ProProfs na versão *quiz maker* (https://www.proprofs.com/quiz-school/).

Destacamos que a ferramenta oferta outras possibilidades de desafio.

Esta proposta pedagógica é bem versátil e se aplica aos modelos presencial ou híbrido utilizando-se os mesmos princípios e recursos. Na falta de conectividade, pode-se lançar o desafio, controlar o tempo com um cronômetro e verificar quem teve mais acertos no menor tempo para, então, indicar os ganhadores.

A evidência de aprendizagem para a atividade será o escore obtido e publicado no certificado. O professor pode gerar uma nota, caso considere interessante, ou mesmo verificar como os estudantes estão se desenvolvendo e fornecer *feedback* com o intuito de promover a evolução do aprendizado.

A possibilidade de geração de um certificado como uma "medalha" em resultado ao desafio pode ser usado pelo professor de diversas formas.

Nossa dica é expor o resultado nas redes sociais com a *hashtag* e o nome do desafio.

É importante organizar uma situação didática que dê importância ao desafio proposto, podendo ainda atribuir um prêmio ao grupo com maior escore ou mesmo valorizar a participação de todos sem fomento da competitividade, mas evidenciando o progresso de cada um.

Com base em nossa experiência, a recomendação é que se fomente a competitividade apenas se o desafio for realizado em grupo.

ESTRATÉGIA 22:
Interagindo com QR Code

Esta estratégia auxilia os estudantes na pesquisa de informações na *web* para resolverem um determinado problema ou na elaboração de um artefato do saber (produto de um projeto). É um tipo de recurso que pode ser cada vez mais explorado, com criticidade, ao considerar que a internet se tornou um grande repositório de informações que auxilia na resolução de uma tarefa desafiadora.

O QR Code é um tipo de código de barras bidimensional, que pode ser facilmente usado como ferramenta para levar os estudantes a diversas situações, a partir do uso de um *smartphone*.

Esta estratégia pode ser utilizada como recurso para uma atividade inicial, na qual os estudantes podem se apresentar, por meio da geração espontânea de QR Code, com texto, vídeo, avatares e outras informações que julgarem pertinentes, ou, até, para a disponibilização de conteúdos mais complexos, que podem servir de guia ou suporte para a resolução de problemas.

- Trabalho em equipe.
- Auto e heterorreflexão.
- Investigação.
- Pensamento crítico.
- Solução de problemas.

1. Introdução ou cenário: o professor deve selecionar um tema a ser estudado com recursos da *web*, o qual servirá como cenário para apresentar a tarefa ou problema a ser solucionado.
2. O professor pode gerar um ou mais QR Codes na internet e disponibilizar para um estudante, um grupo ou vários grupos.
3. Posteriormente, o professor ou facilitador disponibiliza, por meio dos QR Codes, as tarefas (objetivos) que serão desenvolvidas para a resolução do problema ou o desenvolvimento do produto.
4. Ao abrirem os QR Codes, os estudantes recebem as instruções, bem como as tarefas que devem realizar.
5. O professor deve deixar claro como os estudantes serão avaliados. Por exemplo, por meio dos seguintes aspectos:
    - Caracterizaram cada necessidade?
    - Diferenciaram cada necessidade de Maslow?
    - Conseguiram relatar como as necessidades de Maslow podem ser aplicadas ao consumo?
    - Trabalharam em equipe?

É possível encontrar na internet diversas ferramentas geradoras de QR Codes, como QRCode Generator e QRCode Fácil. Sugere-se que o código seja criado a partir de um arquivo dividido em várias partes e, cada parte, disponibilizada em um *link* diferente. Esse *link* pode ser do arquivo (ou parte dele) disponível no Google Drive, Microsoft OneDrive e até no próprio ambiente virtual de aprendizagem.

Esta proposta pedagógica é bem versátil e se aplica também ao modelo presencial utilizando-se os mesmos princípios e recursos.

A avaliação pode ser realizada com base na resolução de cada desafio ou etapa, bem como no envolvimento dos estudantes com a atividade proposta. Sugere-se que o estudante, ao término de cada etapa (ou da atividade em si), faça o registro ou postagem da atividade no ambiente virtual de aprendizagem.

Sugere-se que o professor crie instrumento de avaliação capaz de evidenciar ao estudante sua progressão e desenvolvimento quanto ao trabalho em equipe (colaboração), capacidade de investigação e análise e solução de problemas. Tais critérios de avaliação podem ser evidenciados em uma rubrica de avaliação. Se desejar, pode também usar a autoavaliação e a avaliação por pares – em ambos os casos, é possível registrar a avaliação e o *feedback* no ambiente virtual de aprendizagem ou em formulários eletrônicos.

A atividade fará muito sucesso se o professor apresentar os QR Codes como um elemento interativo de aprendizagem, que pode ser acessado e explorado pelo *smartphone*. Ou seja, é possível conseguir o engajamento do estudante, na aula virtual ou remota, a partir do *smartphone* e fazer dele um instrumento de engajamento, motivação e aprendizado. O professor pode convidar os alunos a ganharem "pontos" à medida que descobrem informações disponíveis nos QR Codes e conseguem analisá-las, ao fim de desenvolver competências e atingir o objetivo de aprendizagem proposto.

O docente, ao digitar "gerador de QR Code" nos buscadores disponíveis na internet, encontrará várias ferramentas gratuitas capazes de gerar e entregar o QR Code conforme a demanda da aula.

ESTRATÉGIA 23:
Let's talk

A estratégia intitulada *Let's talk* trata-se de um momento formativo organizado com o intuito de gerar um fechamento das unidades ou conteúdo trabalhados durante um período (bimestre, semestre, etc.) em uma disciplina ou curso.

Ocorre por meio do estabelecimento de um diálogo planejado entre docentes e discentes. Para esta estratégia, o professor precisa organizar o momento para que os estudantes registrem previamente suas principais dúvidas ou destaquem os pontos interessantes que gostariam que fossem abordados novamente. Assim, no momento *Let's talk,* o professor, já com os tópicos elencados pelos estudantes, abordará os assuntos de forma direta e objetiva.

Outra possibilidade de aplicação é usá-la em momentos que exigem uma explicação pontual, em especial para alunos que estudam de forma 100% *on-line*.

- Investigação.
- Comunicação oral.
- Comunicação escrita.
- Argumentação e persuasão.

1. Antes de realizar o momento *Let's talk*, é importante definir o seu roteiro. Por isso, o primeiro passo para aplicação desta estratégia é disponibilizar um formulário *on-line* para que os estudantes preencham, com o intuito de sinalizar os pontos que acreditam que devem ser evidenciados. Nesse caso, é necessário que o preenchimento seja feito com pelo menos uma semana de antecedência.
2. Com o formulário em mãos, o professor elabora a atividade com base nos pontos de maior dúvida ou interesse dos estudantes. Uma alternativa é levantar as palavras-chave relacionadas ao assunto e as principais dúvidas ou dificuldades encontradas.
3. Sugere-se que o momento *Let's talk* seja breve e objetivo, com duração de 30 a 40 minutos. É uma forma de substituir a famosa "revisão de prova" e assim realizar um bom fechamento de conteúdo, curso ou disciplina.
4. Ao final da explanação, o professor abre espaço para discussão com toda a turma, ou, ainda, segue com a construção de um quadro com os pontos principais abordados e o compartilha no ambiente virtual de aprendizagem.

O roteiro *Let's talk* pode ser feito usando formulário eletrônico, como o Google Forms ou o Encuesta Fácil. Sugere-se a utilização de recursos digitais para a confecção de convites, como o Canva, ou aplicativos de apresentação.

Esta proposta pedagógica é bem versátil e se aplica aos modelos presencial e híbrido utilizando-se os mesmos princípios e recursos. Ao utilizá-la no modelo presencial, o professor pode solicitar aos estudantes que avaliem se o momento organizado atendeu às expectativas indicadas nos formulários, estimulando a interação e a participação de todos e, ainda, se desejar, pode montar um quadro com as principais informações coletadas.

A avaliação pode ser realizada com base na capacidade de extrair, sintetizar e solicitar informações necessárias com base nas percepções individuais. O preenchimento dos tópicos revelará os assuntos de maior interesse e os que não foram suficientemente atendidos. Quando submetidas ao ambiente virtual de aprendizagem, geram um registro de evidência de aprendizagem que permite fornecer *feedback* e apontamentos de melhorias, além de contribuir para o enriquecimento do portfólio de atividades realizadas pelo estudante.

É importante que o professor ajude o estudante a se organizar previamente. A estratégia pode ser mais efetiva e mais valorizada quando os objetivos estão claros para a turma. O *Let's talk* pode ser muito útil na preparação para um teste ou prova, além de fazer o aluno ter de revisitar os conteúdos para preencher os formulários.

ESTRATÉGIA 24:

Mapa mental virtual

Os mapas mentais foram criados por Tony Buzan, nos anos 1970, e tinham como objetivo a utilização de uma abordagem que permitisse o encadeamento de informações, auxiliando no processo de aprendizagem por meio da associação não linear de informações.

Assim, os mapas mentais permitem o registro de ideias, organizando-as do modo como o cérebro armazena informações, representando, nesse caso, sinapses neuronais. A partir de um mapa mental virtual, é possível relacionar conceitos e informações fragmentadas e difusas em torno de um contexto, situação-problema ou conteúdo estudado. Desse modo, podem ser caracterizados como uma estratégia interdisciplinar, ou seja, capaz de reunir diversas informações, de diferentes áreas do saber, que possibilita ter uma ampla visão acerca da temática em questão.

- Síntese.
- Ordenação.
- Organização.
- Associação de ideias.
- Pensamento crítico.
- Visão de conjunto.

1. O professor deve escolher um texto ou um conteúdo digital a ser trabalhado (situação-problema, reportagem, vídeo, unidade de aprendizagem, tabela, gráfico, ilustração ou imagem) e disponibilizar no ambiente virtual de aprendizagem ou no início da aula virtual.
2. Depois, deve-se solicitar aos estudantes que elaborem o mapa mental virtual acerca do conteúdo disponibilizado, indo ao encontro do objetivo de aprendizagem (p. ex., solução de um problema, síntese de um conteúdo ou tema específico).
3. Para elaboração, os estudantes devem seguir estas recomendações:
   a. procurar o máximo de informações sobre o conteúdo estudado;
   b. selecionar e criar categorias que sintetizem os assuntos ou variáveis abordadas;
   c. procurar desdobrar as categorias em unidades, de modo a alcançar mais detalhamento sobre o assunto;
   d. montar o mapa mental virtual com uso de ferramenta disponível na internet.
4. Após a elaboração do mapa mental virtual (veja um exemplo na Figura 19), os estudantes devem postá-lo no ambiente virtual de aprendizagem.

Figura 19 Mapa mental virtual elaborado com o GoConqr.
Fonte: ExamTime (c2021, documento *on-line*).

Para fazer mapas mentais virtuais destacamos o uso das ferramentas Goconqr e Coggle, que são gratuitos e estão disponíveis nos endereços: https://www.goconqr.com/ e https://coggle.it/. Outra ferramenta interessante que pode ser utilizada é o Mindmeister, disponível em: https://www.mindmeister.com/.

Para uso das ferramentas, o professor e os estudantes deverão acessar o *site*, fazer o registro do cadastro e clicar em criar mapa mental. Por último, a ferramenta permite fazer o *download* do material nos formatos PNG e PDF.

Esta proposta pedagógica é bem versátil e se aplica aos modelos presencial e híbrido utilizando-se os mesmos princípios e recursos. Ao utilizá-la no modelo presencial, o professor, ao final do tempo destinado à elaboração, pode solicitar aos estudantes que façam a apresentação e "defesa" do mapa mental, estimulando a interação e participação dos colegas. Também é possível adaptar a estratégia para usá-la sem recursos digitais, com papel (caderno), caneta e lápis.

A avaliação pode ser realizada com base na capacidade de síntese, criatividade e detalhismo utilizada na elaboração do mapa mental. Quando postado no ambiente virtual de aprendizagem, gera um registro de evidência de aprendizagem que permite fornecer *feedback* e apontamentos de melhorias, além de contribuir para o enriquecimento do portfólio de atividades realizadas pelo estudante.

É importante que o professor organize uma sequência didática, orientada pelo objetivo esperado com o desenvolvimento do mapa mental, assim como ressalte a importância da sua elaboração. Para muitos, se aprende mais quando se coloca a "mão na massa", ou seja, fazendo. O mapa mental é um recurso que permite o aprender fazendo.

A clareza naquilo que o estudante deve entregar ao final, com o mapa mental, deve estimular o aprendizado dos conteúdos e o desenvolvimento das capacidades ou competências. Por fim, sugere-se que o professor atribua notas parciais, a cada entrega, que podem ser compreendidas como um subproduto ou etapa de um produto maior (artefato do saber). O estudante, ao ser avaliado etapa por etapa, é estimulado a aprender com mais frequência, assim como tem a possibilidade de receber pontos de melhorias durante o percurso de aprendizagem, proporcionando, nesse sentido, a aplicação da avaliação formativa.

Recomenda-se, ainda, a utilização desta estratégia para o estudo inicial de um assunto ou tema, como recurso de aprendizagem, memorização e apropriação do conteúdo a ser aplicado posteriormente.

ESTRATÉGIA 25:
Meu avatar

Um avatar nada mais é que a **representação digital** de uma pessoa produzida por meio do uso de algum recurso tecnológico, como aplicativo ou *software*, que geralmente integra um conjunto de animações.

Criar **representações digitais** dos estudantes pode ser uma atividade muito interessante, especialmente nos primeiros dias de aula, quando os alunos ainda não se conhecem muito bem ou para inícios e términos de período, quando pode ser necessária alguma estratégia voltada para integração das pessoas ou um momento de autoavaliação. Além disso, pode ser usada para identificar competências específicas do grupo.

A estratégia Meu avatar permite:

- Deixar as pessoas se definirem.
- Propiciar às pessoas uma "personalidade" fora do ambiente típico de trabalho e estudo.
- Que os participantes tenham noções rápidas sobre os colegas.
- Criar memórias visuais que proporcionam conversas à medida que a aula ou uma reunião progride.
- Encorajar os estudantes utilizarem a câmera.

- Integração e fortalecimento das equipes.
- Empatia.
- Favorece o letramento digital.
- Autoconhecimento.
- Capacidade de síntese.
- Comunicabilidade.

1. Para que esta atividade possa ser realizada de forma virtual, solicite que os estudantes imaginem o que poderiam dizer sobre si mesmos em relação aos seus gostos, interesses e *hobbies*, além de outras características. É a típica pergunta: "O que você diria a seu respeito que não está no seu currículo?".

A sala de aula digital **123**

2. Para apoiar e encorajar os estudantes, o professor pode iniciar com a apresentação do seu próprio avatar, de forma que evidencie suas particularidades, como apresentado na Figura 20.
3. O próximo passo é explicar como o aplicativo ou o *software* geram o avatar por meio de uma demonstração. Nessa etapa, pode-se utilizar algum tutorial ou mesmo compartilhando a área de trabalho e mostrando como é o processo. Recursos que geram avatares ou caricaturas em geral são rápidos e intuitivos.
4. Depois de conduzir o processo imaginativo com os estudantes e demonstrar como funciona o gerador de avatar selecionado, o professor deve convidar os estudantes a trabalharem em duplas. Para isso, pode levar uma lista pronta ou sortear o nome dos alunos por meio de um aplicativo do tipo "sorteador virtual". Definidos os pares, eles se direcionam para outra sala, que pode ser no WhatsApp ou na própria plataforma, quando disponível.

Sou **Thuinie Daros**, mãe dos gêmeos Arthur e Sofia e casada com o Daros – um amor para toda a vida. Sou vegetariana, praticante de ioga, amante do bom humor e da criatividade. Adoro longas caminhadas, principalmente na areia da praia, mas não gosto de exercícios. Leio muito, adoro maratonar séries e não vivo sem café e chocolate.

Sou o **Fausto Camargo**. Bem humorado, gosto de estudar, pesquisar e escrever sobre diversos assuntos. Adoro assistir filmes, principalmente aqueles que podem proporcionar inúmeras reflexões, muitas risadas e, também, boas conversas.

Figura 20 Avatares de Thuinie Daros e Fausto Camargo produzidos com o aplicativo FaceYourManga.
Fonte: Face Your Manga (c2021, documento *on-line*).

5. Para boa gestão desta dinâmica, é importante que o professor instrua os estudantes sobre as seguintes ações a serem realizadas pela dupla na sala virtual:
   a. dialogar sobre sua personalidade, interesses, gostos e *hobbies*;
   b. listar (no mínimo duas) similaridades de interesses e gostos entre a dupla;
   c. produzir o avatar do colega buscando evidenciar algum ponto de sua particularidade;
   d. respeitar o tempo destinado para a atividade (10 a 20 minutos).
6. Após realizar a tarefa, cada estudante deve apresentar o seu colega utilizando a imagem do avatar. A ideia é que todos se conheçam, fugindo da clássica apresentação, de forma criativa e personalizada. Nesta etapa, cada estudante tem de um a três minutos disponíveis.
7. Os avatares podem ser compartilhados no *chat*, *drive* ou em alguma plataforma, como o Padlet (mural digital), para que todos possam ver com mais calma em outro momento.

Para elaborar esta atividade, existem muitos aplicativos que geram avatares ou caricaturas de forma gratuita. A seguir, indicaremos alguns já utilizados em nossas atividades.

- **MomentCam:** para usar, basta registrar uma *selfie* e aguardar: o recurso transforma você em um desenho divertido de forma rápida e simples. Estão disponíveis dezenas de cenários e estilos, com roupas e acessórios para transmitir sua personalidade.
- **Dreamscope:** a ferramenta oferece vários efeitos para suas fotos, que se remetem aos estilos de artistas renomados como Van Gogh e Picasso. Pode ser utilizada uma imagem já salva na galeria do celular, basta selecionar o efeito e visualizar o resultado.
- **FaceYourManga:** escolha o formato da sua cabeça, olhos e penteado, tudo configurável para ser o mais próximo a você. Existem roupas famosas, como trajes de rock, filmes e fantasias.

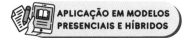
APLICAÇÃO EM MODELOS PRESENCIAIS E HÍBRIDOS

Esta proposta pedagógica é bem versátil e se aplica também ao modelo presencial utilizando-se os mesmos princípios e recursos, apenas adaptando-se os grupos em sala de aula.

Outra possibilidade de aplicação é promover a autoavaliação em relação as competências e habilidades desenvolvidas pelos estudantes durante um período estabelecido (módulo, bimestre, etc.).

Para isso, o professor deve providenciar com antecedência os avatares dos alunos, imprimir e montar um grande mural. Com o mural exposto, pode-se pedir que os estudantes avaliem as competências que acreditam ter desenvolvido e as sinalizem com *post-its,* conforme a Figura 21. O professor pode fazer o fechamento da disciplina enaltecendo as competências e habilidades demonstradas pelas percepções dos estudantes.

Figura 21 Exemplo de autoavaliação realizada em sala de aula com a estratégia Meu avatar.

COMO AVALIAR A EXPERIÊNCIA DE APRENDIZAGEM

Como se trata de uma estratégia para integrar ou promover a autoavaliação, cabe ao professor avaliar a atividade por meio da participação e do envolvimento dos estudantes durante sua realização. Além disso, é uma boa oportunidade para o docente iniciar o mapeamento do perfil da turma.

DICAS INCRÍVEIS

O professor pode criar um "banco de avatares da turma" para ilustrar outras atividades, se necessário. Se a atividade for aplicada na educação básica, em especial com crianças mais novas, o professor pode começar com a leitura de um "texto modelo" e, na sequência, solicitar a produção de texto.

Outra dica incrível para estudantes mais novos é que existem programas de avatares animados, assim, eles podem gravar as informações pessoais com a sua própria voz e depois mostrar o vídeo aos demais.

Para a educação superior, pode-se aproveitar a estratégia para que os estudantes apontem as qualidades e as competências profissionais que percebem nos colegas. Para isso, cada estudante anota a qualidade ou a competência no *post-it* e cola no avatar do colega (Figura 22). É importante reforçar a importância de fazer e receber elogios verdadeiros e manter o respeito durante toda condução da atividade.

Figura 22 Pode-se avaliar as competências e habilidades dos colegas com esta estratégia.

ESTRATÉGIA 26:
Peer review

A estratégia *Peer review* é um modo interessante de promover o processo reflexivo dos estudantes, pois consiste na correção ou na verificação da atividade, prova ou exercício por um colega da turma. Trata-se de colocar o estudante na condição de avaliador ou de um verificador do resultado de aprendizagem do outro ou de si mesmo, de forma que possibilite a percepção da construção do aprendizado.

Nesse sentido, ocorre um afastamento da posição de estudante comumente vivenciada para assumir uma postura de um par da ação, por meio de uma prática que valida e autentica o conhecimento de forma colaborativa.

- Autorreflexão.
- Pensamento crítico.
- Tomada de decisão.
- Atividade metacognitiva.

1. O professor deve aplicar alguma atividade, prova ou exercício relevante.
2. Como o professor terá que reunir os resultados para redistribuí-los, sugere-se que o estudante preencha uma ficha de gabarito, identificando-a com um código, por exemplo, "Gabarito – Aluno 1" (Figura 23).

Gabarito – Aluno 1			
1)	2)	3)	4)
Discursiva 1			

Figura 23 Exemplo de gabarito.

É importante que o professor deixe vários arquivos, correspondente ao número de alunos, identificados no *drive*. Também pode ser disponibilizado em um PowerPoint (apresentações do Google) de forma que cada tela tenha um gabarito para preenchimento.

3. Com a atividade organizada, o professor solicita que cada aluno preencha o gabarito com a sua identificação no *drive*. Esta atividade não pode ultrapassar 15 minutos.

4. Ao término do tempo, o professor reúne os alunos novamente distribui um novo código – por exemplo, o aluno 2 da primeira etapa corrigirá a atividade do aluno 1. Para esta etapa, reserve 10 minutos (Figura 24).

Gabarito – Aluno 1			
1) B Correta	2) C Incorreta. A alternativa correta é a D	3) A Correta	4) E Correta
Discursiva 1 O psicopedagogo precisa observar e atuar no desenvolvimento do *mindset* de crescimento da criança ou do adolescente. A resposta está correta, pois a relevância da mentalidade de crescimento está justamente na ideia de que se pode aumentar a capacidade do próprio cérebro para aprender e resolver problemas, e por isso é muito relevante para qualquer intervenção psicopedagógica. <div align="right">**Corretor Aluno 2**</div>			

Figura 24 Exemplo de gabarito corrigido pelo colega.

5. O professor pode permitir a inclusão de comentários durante a correção. Ao término, cada estudante volta a atenção para a própria atividade e verifica os pontos colocados pelo colega, podendo atribuir uma nota, caso o professor considere relevante.

6. Essa estratégia se torna mais rica quando há a possibilidade de o estudante que realizou a avaliação conversar com o corretor. Nesse caso, podem debater as respostas com uso de salas virtuais ou outras ferramentas de comunicação instantânea, com base no conteúdo abordado de modo geral, inclusive com possibilidade de consulta aos materiais indicados e negociação da nota atribuída.

 **CAIXA DE FERRAMENTAS**

Além de recursos comumente utilizados no ambiente educativo, como webconferência e fóruns de discussão, o envio de exercícios também pode ser uma alternativa. Nesse caso, o professor precisa usar um recurso que possibilite a colaboração, como o *drive* ou apresentações do Google.

 **APLICAÇÃO EM MODELOS PRESENCIAIS E HÍBRIDOS**

Essa estratégia é bem versátil e se aplica aos modelos presencial e híbrido. Em sala de aula tradicional, o docente pode entregar os gabaritos impressos ou mesmo montar um mural para que a pessoa verifique a correção feita mantendo-se o anonimato do avaliador.

 **COMO AVALIAR A EXPERIÊNCIA DE APRENDIZAGEM**

O professor pode verificar o desempenho com base na própria correção da atividade, desde que respeitados os objetivos de aprendizagem e os critérios preestabelecidos.

 **DICAS INCRÍVEIS**

A dica mais importante é deixar os objetivos, critérios e parâmetros muito claros aos estudantes antes de iniciar a atividade. Outro ponto relevante é iniciar essa prática com uma conversa sobre ética e sobre o modo de fornecer e receber *feedback* como parte do processo de crescimento. Para aplicação desta estratégia, a produção do portfólio de atividades é uma alternativa muito relevante.

ESTRATÉGIA 27:
Pocket learning

A estratégia intitulada *Pocket learning* foi criada para orientar o processo de aprendizagem dos estudantes por meio da oferta de pequenas experiências de aprendizagem organizadas em um único roteiro.

Seu diferencial é dar a instrução da atividade por meio de um pequeno vídeo ou áudio associados a uma breve explicação do passo a passo para a realização e postagem da atividade.

Assim, todo roteiro *pocket learning* é constituído pelos seguintes elementos:

- Vídeo ou áudio para motivar e dar o comando da atividade.
- Nome da atividade ou desafio.
- Tutorial de como o estudante irá realizar a atividade e submeter para avaliação.
- Se preferir, pode inserir textos ou vídeos de apoio utilizando *links* ou QR Codes.

Para ambientes virtuais, os roteiros *pocket learning* são excelentes alternativas, pois possibilitam o desenvolvimento da atividade de forma mais autônoma. Além disso, o vídeo ou áudio do professor mobiliza para um estado de descoberta e fortalece o vínculo com os estudantes, uma vez que toda aprendizagem se inicia com uma experiência afetiva. Veja um exemplo de *pocket learning* na Figura 25.

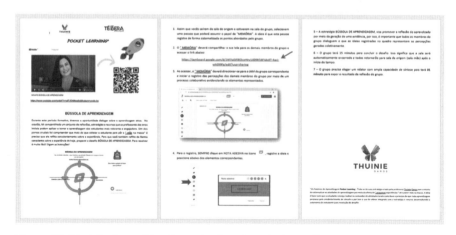

Figura 25 Modelo de roteirização *pocket learning* criado por Thuinie Daros.

- Organização.
- Planejamento.
- Resolução de problemas.
- Comunicabilidade.

1. Após definir o conteúdo a ser trabalho, o professor deve produzir um vídeo curto (1 a 3 minutos) explicando a atividade.
2. Após, é necessário gerar um *link* de acesso ao vídeo, lembrando-se de deixar uma imagem do vídeo (*print*) para ilustrar.
3. O professor precisa escolher um recurso tecnológico que potencialize a aprendizagem do conteúdo proposto e detalhar, por meio de um tutorial, como o estudante deverá usá-lo, incluindo orientações de como a atividade deve ser entregue.
4. O roteiro deve ser apresentado aos estudantes e, caso seja uma atividade em grupo, basta solicitar que migrem para a sala de aula virtual em grupo. O professor deve atribuir tempo necessário para a realização da atividade.
5. Com o tempo esgotado, os alunos devem retornar para a sala de origem.
6. Para o fechamento, os estudantes devem apresentar seus resultados, e o professor deve relacionar os conteúdos expostos com os aspectos teóricos trabalhados, consolidando o processo de aprendizagem.

Para elaborar o roteiro é preciso fazer *prints* de tela para ilustrar e gerar QR Codes para inserção dos *links* do vídeo ou do áudio. Para gerar o QR Code, indicamos a plataforma QRCode Generator (https://br.qr-code-generator.com/).

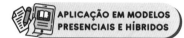

Esta proposta pedagógica é bem versátil e se aplica aos modelos presencial e híbrido utilizando-se os mesmos princípios e recursos, apenas adaptando-se os grupos em sala de aula.

Na avaliação, os critérios devem ser claros para os alunos, como a objetividade, a capacidade de síntese, a visão processual e a capacidade de representação das suas ideias. Pode-se atribuir nota ou dar *feedback* construtivo para a evolução do aprendizado.

Todo trabalho pedagógico realizado por meio de roteiros de aprendizagem contribui para o desenvolvimento da autonomia dos estudantes, por isso eles são uma excelente alternativa, em especial para o ensino virtualizado.

Considerando que o formato *pocket learning* visa fornecer pequenas experiências relevantes de aprendizagem, é importante que na produção do vídeo ou do áudio, além de fornecer o comando da atividade, o professor seja capaz de motivar os alunos.

ESTRATÉGIA 28:
Podcast

Assim como a TV, o rádio e o jornal, o *podcast* é uma mídia de transmissão de informações. De maneira mais simples, pode ser definido como um programa de rádio, porém sua diferença e vantagem primordial é o conteúdo sob demanda. É possível ouvir o que quiser e na hora que bem entender, basta apertar *play*. A produção de *podcasts* pode ser feita por meio de diversas ferramentas: iTunes ou Ziepod, para computadores, BeyondPod ou PodStore, para Android, Wecast ou o nativo Podcasts, para iOS, por exemplo.

A sala de aula digital **133**

- Trabalho em equipe.
- Pensamento crítico.
- Planejamento.
- Organização.
- Comunicação escrita.
- Comunicabilidade oral.

1. O professor deve selecionar um tema ou assunto para que os estudantes façam um *podcast*.
2. Depois, deve dividir o tema em subtemas, de acordo com a quantidade de grupos.
3. Inicialmente, os estudantes devem fazer um breve roteiro do que vão gravar. Trata-se do planejamento de conteúdo e deve conter:
    a. vinheta de início;
    b. apresentação do(s) locutor(es);
    c. apresentação do tema (ou subtema);
    d. discussão sobre o assunto (os estudantes podem escolher diferentes formas de abordagem, por exemplo, apresentando as principais informações de um texto, fazendo tipo perguntas e respostas, ou, ainda, explicando determinado assunto a partir de um questionamento);
    e. encerramento.
4. Para elaboração do que será discutido no *podcast*, recomenda-se a leitura do conteúdo estudado e o levantamento dos pontos-chave relativos a ele. A partir deles, conforme mencionado, os estudantes podem abordar o assunto de diversas maneiras, questionando, explicando ou debatendo.
5. Com o planejamento do *podcast* e o roteiro prontos, seguem para a gravação, em que vão precisar de *smartphone* ou *tablet* e acesso à internet. Os *smartphones* têm demonstrado grande praticidade e muitos aparelhos apresentam boa qualidade para gravação de áudio e vídeo. Além disso, é interessante focar menos na tecnologia e mais na experiência de gravar a voz.

6. Para gravar, sugere-se buscar um lugar calmo, tranquilo, livre de barulhos ou ruídos. Recomenda-se que a leitura do texto seja feita várias vezes, até se sentirem confortáveis com as palavras e entonações. Podem gravar quantas vezes quiserem e, ao final, selecionar a gravação que mais atende ao objetivo proposto.
7. Ao final da atividade e gravação, o professor faz a devolutiva e dá *feedback*, esclarecendo eventuais dúvidas sobre o conteúdo abordado no *podcast*, bem como apontando melhorias.

Sugere-se a utilização do aplicativo Spreaker (https://www.spreaker.com/). Ele é multiplataforma e acessível para usuários de *smartphones* de modo geral. É necessária conexão de internet para baixar o aplicativo e publicar o áudio, mas não para realizar as gravações.

Esta proposta pedagógica é bem versátil e se aplica aos modelos presencial e híbrido utilizando-se os mesmos princípios e recursos.

A avaliação pode ser feita contemplando diversos aspectos, por exemplo, o planejamento do conteúdo (roteiro escrito) e o produto (*podcast* gravado). Recomenda-se que o *podcast* seja postado como atividade da disciplina ou projeto no ambiente virtual de aprendizagem, registrando as evidências e possibilitando devolutivas e oportunidades de melhorias.

A aplicação da estratégia ficará mais interessante e descontraída se os estudantes forem incentivados a fazer *podcasts* divertidos sobre os temas, mas com cuidado.

É essencial que o roteiro seja bem construído, delimitando o tema (ou subtema) e apresentando elementos que prendam a atenção do ouvinte, instigando sua curiosidade. Outra dica incrível é visualizar o *podcast* como uma pílula de conteúdo, ou seja, fazê-lo de forma divertida (sem perder a seriedade do assunto), abordando de maneira breve os principais tópicos propostos (não mais do que 4 ou 5 minutos).

ESTRATÉGIA 29:
Portfólio digital

O portfólio é uma atividade capaz de emoldurar as aprendizagens dos estudantes, podendo ser utilizada em qualquer área do conhecimento. Com base em Ambrósio (2013, p. 23), pode ser entendida como

> [...] ferramenta pedagógica para uma coleção organizada e planejada de trabalhos produzidos pelos estudantes, ao longo de um determinado período de tempo, de forma a poder proporcionar uma visão alargada e detalhada da aprendizagem efetuada, bem como dos diferentes componentes do seu desenvolvimento cognitivo, metacognitivo e afetivo.

Como estratégia pedagógica, pode ser utilizada como uma coleção dos trabalhos dos estudantes que permite o acompanhamento das evidências de aprendizagem geradas ao longo de um curso ou disciplina. Por se tratar de registro visual, possibilita ao professor diferentes formas de análise e avaliação das ações executadas.

Para aplicação do portfólio digital na educação, o professor deve definir as atividades que irão compor o material, podendo ser apenas sobre um determinado conteúdo ou abarcar um tempo maior, como tarefas realizadas em um bimestre ou semestre.

O portfólio digital é uma proposta geradora de oportunidades formativas que podem ser aplicadas em diversas situações de aprendizagem, como avaliação, fóruns de debate, pesquisas, trabalhos dialogados com a prática docente e elaboração de memorial com base no objetivo de aprendizagem.

- Autonomia.
- Senso crítico.
- Associação e desenvolvimento de ideias.
- Ampliação vocabular.
- Metacognição.

1. O professor deve apresentar a proposta Portfólio digital demarcando o período e as atividades que irão compor a coleção de cada estudante.
2. Como se trata de uma proposta digital, as atividades selecionadas pelo professor deverão ser capazes de ser registradas digitalmente durante o período definido.
3. Após a explicação, cabe ao professor definir o modelo de registro das atividades, com informações como data, tema, proposta de atividade, autoavaliação, etc.
4. Na sequência, o docente indica as plataformas que podem ser usadas para edição livre ou, se preferir, estabelece um padrão para todos seguirem, como um modelo de Powerpoint, por exemplo.
5. É importante que o estudante utilize suas próprias palavras para representar os seus registros, mesmo que as atividades sejam realizadas em grupo.
6. Os alunos devem apresentar, espontaneamente, todas as ideias que surgirem, sem elaborações ou considerações, desde que forneçam as informações sinalizadas no modelo de registro.
7. O fechamento pode ser feito de forma individual, de modo que o professor avalie cada uma das entregas e dialogue sobre a experiência.

Esta proposta pedagógica é bem versátil e se aplica também ao modelo presencial utilizando-se os mesmos princípios e recursos. Presencialmente, o aluno pode imprimir as atividades e colocá-las em uma pasta para entregar.

A aplicação da estratégia pode ser realizada com o uso de aplicativos como o Canva, apresentações do Google Jamboard. Como também podem ser registradas em webfólios, disponíveis, por exemplo, no webnode (https://www.webnode.com.br/portfolio-online/).

A avaliação da aprendizagem deve ser realizada conforme o objetivo da estratégia, por exemplo, levando-se em consideração a capacidade de escrita, a participação e o engajamento dos estudantes.

Não tente definir todas as atividades de uma única vez, pois pode levar muito tempo, e a estratégia pode perder o foco. A produção de um portfólio será muito útil mesmo quando a disciplina ou o curso forem concluídos.

O professor pode adaptar esta estratégia e propor um portfólio com imagens representativas das experiências vivenciadas pelo estudante, um processofólio para estudantes de direito ou administração, um hipolivro com registros de cartas, entrevistas, fotografias, etc., ou fotonovela para alunos da educação básica ou de cursos da área de linguagens como letras, artes e jornalismo.

ESTRATÉGIA 30:
Projeto digital

A aprendizagem baseada em projetos, aplicada como estratégia de ensino virtual, pode ser definida pelo desenvolvimento de projetos reais, com base em uma questão, tarefa ou problema motivador, para ensinar conteúdos voltados para a resolução de problemas e para a elaboração de produtos ou artefatos do saber.

A metodologia de projetos tende a ser envolvente e motivadora, uma vez que coloca os alunos frente a uma realidade, ou seja, torna o aprendizado significativo a partir de um contexto real. A estratégia pode ser planejada para que o projeto tenha a duração de 1 dia, 1 semana, 1 mês, 1 semestre ou mais. Isso porque os problemas reais, dependendo da delimitação, podem ser resolvidos em diferentes prazos. Além disso, os projetos podem ser focados em uma disciplina (ou parte dela) ou ser interdisciplinares.

Para Bender (2014), um projeto tem as seguintes características: âncora (narrativa ou cenário do problema), questão motriz, *feedback* e revisão, investigação, voz e escolha dos alunos, reflexão e produto público (neste caso, digital).

- Trabalho em equipe.
- Auto e heterorreflexão.
- Investigação.
- Pensamento crítico.
- Solução de problemas.

1. No planejamento do projeto, sugere-se que o professor defina uma âncora (narrativa/cenário) adequada ou condizente com o tema a partir do qual o conteúdo será abordado. Uma âncora pode ser definida a partir de uma reportagem, da demanda da comunidade, de um vídeo, entres outros, e deve ser disponibilizada no ambiente virtual de aprendizagem e/ou discutida nos encontros presenciais/virtuais.
2. Junto com os estudantes, no encontro virtual (ou presencial) ou a partir de fórum de discussão, o professor pode definir e direcionar a questão motriz – pergunta que irá orientar e nortear o projeto.
3. Sugere-se ao docente, na etapa de planejamento, que distribua os conteúdos a serem ensinados em etapas para a realização do projeto e desenvolvimento do produto digital. Assim, a disponibilização dos conteúdos no ambiente virtual de aprendizagem deve ser feita conforme a âncora, a questão motriz e, consequentemente, o produto esperado.

4. O professor, no planejamento, pode articular oficinas e atividades virtuais que contribuam para a realização do projeto – por exemplo, investigação, *feedback* e revisão, solução de problemas e desenvolvimento de produtos (prototipação). Além disso, pode utilizar ferramentas virtuais de gerenciamento de projetos.
5. Ao final da disciplina ou do projeto, sugere-se que seja realizado evento virtual para apresentação dos produtos desenvolvidos.

O professor pode fazer uso de ferramentas de gestão, com as etapas do desenvolvimento do projeto pedagógico bem definidas. Sugerimos o aplicativo Trello, que é gratuito e pode ser acessado no endereço: https://trello.com/. Destacamos que ele conta com recursos que permitem gerenciar uma turma toda de projetos, etapa por etapa, até o desenvolvimento final, de modo dinâmico, interativo e virtual.

Esta proposta pedagógica é bem versátil e se aplica também ao modelo presencial utilizando-se os mesmos princípios e recursos.

A avaliação pode ser realizada com base na resolução de etapa do projeto. Sugere-se que o estudante, ao término de cada etapa (ou da atividade em si), poste a atividade no ambiente virtual de aprendizagem ou na ferramenta de gerenciamento de projetos.

Sugere-se que o professor crie um instrumento de avaliação capaz de evidenciar ao estudante sua progressão e desenvolvimento quanto ao trabalho em equipe (colaboração), capacidade de investigação e análise, solução de problemas e desenvolvimento do produto. Tais critérios podem ser evidenciados em uma rubrica de avaliação. Se desejar, pode também usar a autoavaliação e a avaliação por pares – em ambos os casos é possível registrar a avaliação e o *feedback* no ambiente virtual de aprendizagem ou por meio de formulários eletrônicos.

 **DICAS INCRÍVEIS**

É importante que o professor organize uma sequência didática, orientada pela âncora e pela questão motriz que leve ao desenvolvimento do produto, que pode ser digital ou físico. Como se trata de aprendizagem virtual, recomenda-se que seja digital (p. ex., *sites*, *blogs*, campanha de conscientização digital).

A sequência didática vai evidenciar o caminho que o estudante deve percorrer e os conteúdos que ele irá aprender à medida que avança no projeto.

ESTRATÉGIA 31:
Quadro da inspiração digital

O Quadro da inspiração digital é uma estratégia utilizada em início de semestre letivo. O objetivo é criar uma espécie de cartaz digital que capte a sensação geral das expectativas e desejos futuros. Funciona bem para os primeiros encontros com os alunos, de modo que eles possam projetar sua vida profissional futura, bem como os caminhos que devem percorrer para atingir seus objetivos.

É importante considerar que o quadro digital deve conter elementos visuais – textos, citações e outros elementos importantes para informar uma ideia. Esta atividade pode ser utilizada em vários contextos, por exemplo: para desenhar um novo negócio, para desenvolver um produto para ajudar pessoas que estejam no início de um projeto, para planejar o próximo ano em ambientes corporativos, para apresentar um novo conceito ou mesmo elementos que representam a ideia geral de um autor ou de uma teoria.

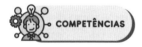 **COMPETÊNCIAS**

- Capacidade de planejamento da carreira.
- Antecipação e idealização dos elementos necessários para atingir objetivos.
- Visão da necessidade do planejamento.
- Clareza de ideias.

1. Com o conteúdo a ser trabalhado, o professor deve elaborar a instrução da atividade.
2. Primeiro, deve-se solicitar aos alunos que imaginem como seria se o assunto, teoria ou solução de um problema fosse tão relevante a ponto de se tornar capa de revista e virar manchete nacional.
3. Depois, o professor deve indicar a ferramenta de edição utilizada e apresentar o passo a passo de elaboração do quadro da inspiração digital.
4. Esta estratégia foi desenhada para que o estudante trabalhe individualmente, uma vez que precisa projetar e representar as aspirações de sua carreira. No entanto, caso o professor queira utilizar a mesma estratégia para outros temas, como a solução de um problema ou a representação de um autor e teoria, é recomendável que seja realizada em grupo.
5. Com a explicação realizada, o professor atribui um tempo para o planejamento. Caso a atividade seja feita em grupo, solicita que os estudantes migrem para a sala de aula virtual coletiva para que iniciem a fase do planejamento da produção, transpondo o conteúdo do texto para o quadro. Esta etapa não deve ultrapassar 10 minutos
6. Com o *brainstorm* pronto, os alunos devem retornar à sala virtual de origem para que o professor se certifique de que todos compreenderam o que deve ser feito.
7. O docente pode ouvir algumas ideias e, na sequência, apresentar um exemplo de como a atividade pode ser elaborada. A ideia é que falem sobre o foco na carreira, organização e rotina nos estudos, etc.
8. Com as orientações realizadas, os estudantes devem retornar para a sala virtual com o grupo e iniciar a produção do quadro da inspiração. Para essa tarefa, pode ser atribuído o tempo de 30 minutos. Com o tempo esgotado, os alunos devem retornar para a sala de origem para finalização.
9. Para o fechamento, os estudantes devem apresentar seus quadros e o professor deve relacionar os conteúdos, consolidando o processo de aprendizagem.

Para a produção do quadro da inspiração pode-se utilizar qualquer programa ou *software* capaz de reunir imagens e palavras, como Powerpoint, aplicativos de edição de fotos no celular ou, se preferir algo mais específico, o Canva (www.canva.com) possibilita a criação de qualquer material gráfico.

Para publicação do resultado do desafio, os professores podem fomentar o *chat* ou mesmo algum outro recurso, como o Google Forms. Se quiserem deixar disponível para todos, podem utilizar o Padlet (3) ou o Google Jamboard (https://gsuite.google.com/products/jamboard/) como mural digital.

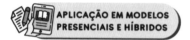

Esta proposta pedagógica é bem versátil e se aplica aos modelos presencial e híbrido utilizando-se os mesmos princípios e recursos, apenas adaptando-se os grupos em sala de aula.

Em ambientes presenciais, o quadro da inspiração pode ser produzido com papel, canetinhas coloridas e recortes, sendo inserida uma etapa de prototipação feita à mão, para então passar para a etapa de produção digital.

Como se trata de uma evidência situada no campo das ideias e das projeções pessoais dos estudantes, para avaliar, o professor deve buscar no quadro a expressão dos objetivos profissionais, bem como as ações que deverão assumir para concretização das metas, incentivando-os a alcançá-las e superando os desafios profissionais.

Esta estratégia ajuda a conhecer um pouco mais sobre o aluno e a mapear o perfil da turma. Pode ser dada bastante visibilidade para esta estratégia nas redes sociais, solicitando-se que os estudantes façam postagens nos *stories* do Instagram e marquem os perfis da instituição e do professor. Pode-se imprimir os quadros e organizar um "varal da inspiração" ou mesmo um varal digital.

A sala de aula digital **143**

Outra dica incrível é que, no dia da apresentação, o professor convide um profissional, um egresso da instituição ou um mentor de carreira para ouvir os alunos e tecer comentários sobre as inspirações, fortalecendo a concretização do propósito em suas carreiras profissionais.

ESTRATÉGIA 32:
Quadro virtual de análise de fatores

O Quadro virtual de análise de fatores é uma estratégia de discussão de ideias, em grupo, na qual os estudantes são incentivados a pensar sobre uma situação-problema e sobre os fatores (prós e contras) que a influenciam e têm impacto sobre ela, a fim de que consigam propor uma solução diante das variáveis debatidas.

É uma estratégia que leva à reflexão e à discussão sobre a importância de cada aspecto em uma determinada situação. Ao concentrar os fatores em um único quadro, espera-se proporcionar a visão de conjunto das variáveis que impactam na resolução de um problema, levando os estudantes à tomada de decisão mais assertiva.

Esta estratégia pode ser aplicada individualmente, em grupos ou com a turma toda. É eficaz para o desenvolvimento analítico, uma vez que leva os estudantes a decomporem um problema (ou cenário) em partes (fatores, causas e consequências), para procederem à análise e à proposição de possíveis soluções.

- Trabalho em equipe.
- Gerenciamento e troca de informações.
- Senso crítico.
- Associação e desenvolvimento de ideias.
- Análise.
- Resolução de problemas.
- Visão de conjunto.
- Reflexão e tomada de decisão.

1. O professor deve dividir o quadro em cinco partes: 1) Situação-problema ao centro; 2) Fator A: no centro, acima do problema; 3) Fator B, à esquerda; 4) Fator C, à direita; 5) Possível solução, no centro, abaixo do problema.
2. Para cada fator ou variável levantada, os estudantes devem sinalizar causas e consequências.
3. O problema pode ser uma reportagem ou notícia, uma situação apresentada em um vídeo e até um problema apresentado por uma comunidade ou político. Veja um exemplo na Figura 26.

Figura 26 Exemplo de matéria que pode ser usada como situação-problema.
Fonte: Carazzai (2012, documento *on-line*).

4. Com o problema no centro do quadro, o professor solicita o seu preenchimento, desdobrando-o em fatores, com a inclusão de causas e consequências para cada um deles (Figura 27). Ao fazer isso, pode lançar questionamentos: "Quais fatores estão envolvidos no cenário-problema apresentado?".
5. Após o preenchimento de todos os fatores, causas e consequências relacionadas, o professor solicita aos estudantes que olhem atentamente para o quadro e pensem em possíveis soluções, registrando-as abaixo da situação-problema (cenário apresentado).
6. Ao final, o docente promove uma discussão ou atividade de encerramento da aula virtual, fazendo as considerações finais. Caso a estratégia seja aplicada na aprendizagem 100% EaD, o professor fornece *feedback* via ambiente virtual de aprendizagem, evidenciando pontos de melhorias para a solução do problema proposto, bem como, se for o caso, apontando outros fatores que poderiam ter sido considerados.

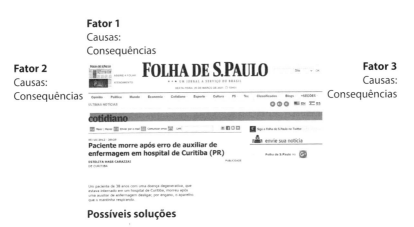

Figura 27 Exemplo de quadro virtual de análise de fatores.

 **CAIXA DE FERRAMENTAS**

Para fazer o quadro virtual, destacamos o uso do Google Jamboard, ferramenta de fácil utilização que permite convidar os estudantes a preencherem escrevendo nele ou usando *post-its* digitais, conforme a Figura 28.

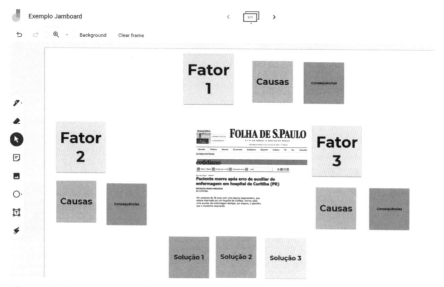

Figura 28 Exemplo de quadro virtual de análise de fatores no Google Jamboard.
Fonte: Google for Education (c2021, document *on-line*).

 **APLICAÇÃO EM MODELOS PRESENCIAIS E HÍBRIDOS**

Esta proposta pedagógica é bem versátil e se aplica também ao modelo presencial utilizando-se os mesmos princípios e recursos. No ensino presencial, o professor pode utilizar o quadro físico e solicitar que os estudantes apontem fatores, causas e consequências.

COMO AVALIAR A EXPERIÊNCIA DE APRENDIZAGEM

A avaliação da aprendizagem deve ser realizada conforme o objetivo da estratégia, por exemplo, capacidade de análise, por meio das evidências dos fatores, causas e consequências e, ainda, capacidade de propor soluções. É importante que o estudante envie o quadro preenchido para o professor via ambiente virtual de aprendizagem, para que a evidência de aprendizagem fique registrada e para que seja realizado *feedback* por meio da plataforma.

DICAS INCRÍVEIS

A aplicação da estratégia pode ser realizada com uso do Google Jamboard, disponível gratuitamente. Na interação *on-line*, o professor pode construir com toda a turma um único quadro e, ao final, propor uma solução a partir das várias propostas. É importante que o docente delimite um tempo (p. ex., de 10 a 15 minutos) para o preenchimento de cada quadrante. Como preparação da atividade, sugere-se que o quadro seja organizado antecipadamente, com as divisões e a situação-problema no centro, conforme modelo apresentado.

Além disso, sugere-se que o professor atribua nota parcial para a realização e a entrega (postagem) da tarefa, podendo ser compreendida como uma etapa ou percurso da disciplina ou projeto. Assim, os alunos têm a oportunidade de receber *feedback*, etapa por etapa, indo ao encontro da avaliação formativa.

ESTRATÉGIA 33:
Quebra-cabeça com QR Code

O Quebra-cabeça com QR Code é uma estratégia muito útil para se trabalhar com textos, os quais podem ser mais complexos e conceituais, como um artigo científico, parte ou capítulo de um livro ou uma unidade de aprendizagem.

O material deve ser dividido em partes e cada uma deve ser disponibilizada aos estudantes via QR Code. Distribui-se os fragmentos e solicita-se que os alunos façam seus apontamentos, registrando sua compreensão daquele trecho textual. Posteriormente, quando todas as partes do texto forem reunidas, os estudantes passam a ter a compreensão geral.

- Leitura compreensiva.
- Análise.
- Visão de conjunto.

1. A partir de um texto, ou mais (dependendo do tamanho da turma), o professor deve criar um quebra-cabeça virtual, dividindo-o em quatro partes (A, B, C e D). Esse quebra-cabeça virtual pode ser criado utilizando-se QR Codes e disponibilizando as partes separadas na internet.
2. Sugere-se que cada grupo trabalhe com um texto diferente. Assim, cada grupo de estudantes, ao final, terá feito o estudo de um texto diferente. Recomenda-se a identificação do QR Code de acordo com o número do texto e da parte – por exemplo, texto 1, partes 1A, 2B, 3C e 4B.
3. Cada aluno recebe um pedaço do quebra-cabeça ou, ainda, apenas o QR Code relativo à sua parte.
4. Depois, devem ler o material, estudar e fazer seus registros individualmente.
5. Após a leitura individual, o professor solicita aos estudantes que se reúnam com os colegas que leram e estudaram as outras partes do mesmo texto.
6. Uma vez que os estudantes se reúnem (via sala virtual, *chat* ou fórum), eles juntam o quebra-cabeça virtual, incluindo seus registros e apontamentos. Ao compartilharem e explicarem o entendimento de sua parte, o grupo passa a se apropriar do todo.
7. Posteriormente, o professor solicita que façam uma síntese do(s) texto(s), destacando os principais pontos.
8. Ao final, o docente pode solicitar que cada grupo apresente e explique o seu texto e, a partir da correlação dos materiais, propiciar uma visão ampla do tema discutido na aula virtual.

É possível encontrar na internet diversas ferramentas geradoras de QR Codes, como QRCode Generator e QRCode Fácil. Sugere-se que o código seja criado a partir de um arquivo dividido em várias partes e, cada parte, disponibilizada em um *link* diferente. Esse *link* pode ser do arquivo (ou parte dele) disponível no Google Drive, Microsoft OneDrive e até no próprio ambiente virtual de aprendizagem.

Esta proposta pedagógica é bem versátil e se aplica ao modelo presencial utilizando-se os mesmos princípios e recursos. No ensino presencial, o professor pode utilizar textos impressos, disponibilizando suas partes de acordo com a divisão dos grupos, fazendo processo semelhante.

A avaliação da aprendizagem deve ser realizada conforme o objetivo da estratégia, por exemplo, como os estudantes procederam em cada etapa, ou seja, na leitura e no estudo individual de sua parte textual, na discussão e compreensão em grupo e, por fim, no resultado (síntese e apresentação das principais partes do texto). É importante que o aluno envie para o professor, no ambiente virtual de aprendizagem, a síntese com as principais partes do texto, a fim de que a evidência de aprendizagem fique registrada e, também, para que seja realizado *feedback* por meio da plataforma.

A aplicação da estratégia pode ser realizada e estimulada com o QR Code pontuando cada etapa: leitura individual, discussão e compreensão em grupo, e disponibilização e compartilhamento da síntese e dos principais pontos do texto, com uso de medalhas e troféus à medida que compreendem e avançam. Também pode ser incentivada no sentido de que cada etapa pode ser a descoberta de algo maior, fazendo a leitura e a reunião com os colegas serem parte de uma atividade tipo "caça ao tesouro" com QR Code.

Sugere-se que o professor atribua nota parcial à realização e à entrega (postagem) da síntese textual com destaque para os principais pontos do texto, podendo ser compreendidas como uma etapa da disciplina ou projeto. Assim, os alunos têm a oportunidade de receber *feedback*, etapa por etapa, indo ao encontro da avaliação formativa.

ESTRATÉGIA 34:
Quiz game

A implementação da estratégia *Quiz Game*, ou seja, jogo de perguntas e respostas, na educação é uma ferramenta eficaz na construção de conhecimentos e é capaz de gerar muito engajamento. A utilização de *quizzes* como recurso didático pode auxiliar o aluno a aprender de maneira simples e lúdica.

O professor pode elaborar um *quiz* tanto para verificar o que os alunos sabem previamente sobre um assunto que ainda não foi trabalhado quanto para verificar o que aprenderam após a aula. Além disso, a atividade pode ser feita em casa ou na faculdade, e os estudantes podem praticar quantas vezes precisarem.

- Resolução de problemas.
- Gestão do tempo.
- Interpretação.
- Trabalho em grupo.

1. A partir do tema a ser trabalho, o professor deve elaborar questões com respostas objetivas para submeter na plataforma. A instrução da atividade precisa ser envolvente e desafiadora, deve-se evitar questões do tipo "O que é" e "Conceitue", a fim de garantir o engajamento dos alunos.

2. O docente deve registrar as questões na plataforma de *quiz*, gerar o *link*, estabelecer um tempo para a conclusão (não ultrapassar 20 minutos) e lançar o desafio aos estudantes no *chat*.
3. Esta atividade pode ser realizada individualmente ou em grupo. Caso seja em grupo, os estudantes precisam entrar na sala virtual do grupo para iniciar a tarefa.
4. Com o tempo esgotado, os alunos retornam à sala virtual de origem para o fechamento da atividade pelo professor, que inicia a correção.
5. Vale ressaltar a importância de o professor corrigir as questões uma a uma e falar sobre o desafio, sobre o tempo para resolução, entre outros aspectos, relacionando a tarefa com o conteúdo trabalhado e consolidando a aprendizagem.
6. Pode ser que alguns estudantes "estacionem" e não avancem na atividade. Por isso, o professor pode realizar a explicação e abrir novamente o mesmo desafio, dando a oportunidade para que o concluam.

Para a produção do *Quiz Game* existem muitos aplicativos que podem ser utilizados de forma gratuita. Sugerimos o Kahoot, o Quizcreator, o Quizzis e o Socrative.

Esta proposta pedagógica é bem versátil e se aplica aos modelos presencial ou híbrido utilizando-se os mesmos princípios e recursos. Na falta de conectividade, pode-se lançar o desafio, controlar o tempo com um cronômetro e verificar os resultados.

A evidência de aprendizagem para esta atividade será o resultado das tarefas realizadas, visto que a plataforma indica a quantidade de acertos. O professor pode gerar uma nota, caso considere interessante, ou mesmo verificar como os estudantes estão se desenvolvendo e fornecer *feedback* com o intuito de promover a evolução do aprendizado.

Com base nas especificidades da gestão de uma sala de aula virtual, nesta estratégia geralmente elaboramos de quatro a oito questões e atribuímos o tempo de 16 minutos para conclusão. Alguns aplicativos possibilitam o *ranking* entre os participantes, assim, o professor pode criar um nome para o desafio e premiar por desempenho. Esta estratégia funciona muito bem tanto em grupo quanto individualmente. Na mesma aula pode-se utilizar as duas formas, começando individualmente e depois em grupo.

ESTRATÉGIA 35:
Rotação por estações em ambientes virtuais

A estratégia Rotação por estações foi muito disseminada pela modelagem híbrida, mas como utilizá-la na sala de aula virtual?

Para quem não conhece esta estratégia, ocorre da seguinte forma: os estudantes são organizados em grupos e realizam diferentes desafios, distribuídos em rotações, com atividades que independem do acompanhamento direto do professor. Valorizam-se os momentos colaborativos e individuais. Após determinado tempo, previamente combinado, os grupos fazem o revezamento das estações, de forma que todos passem por todos os espaços, e, em cada uma das estações, ocorre uma atividade diferente que os auxilia na consolidação do conhecimento. É uma proposta que visa integrar teoria e prática.

No trabalho com as estações, as tarefas e os objetivos devem estar bem claros, com a descrição de como a atividade precisa ser executada. O ponto forte dessa atividade é a valorização das relações entre professor e alunos, e entre alunos e alunos. Todos os momentos estão conectados a um objetivo central, que é o objetivo de aprendizagem da aula.

A sala de aula digital **153**

- Resolução de problemas.
- Trabalho em grupo.
- Letramento digital.
- Gestão do tempo.

1. Após definir o conteúdo a ser trabalhado, o professor elabora diferentes desafios para cada uma das estações, com o intuito de que os estudantes trabalhem em grupo. Em salas de aula virtuais, recomenda-se no máximo três estações planejadas para que as tarefas durem de 15 a 20 minutos.
2. Cada estação deverá ser previamente organizada e contar com os objetivos, as tarefas e as instruções por escrito. Para essa etapa, recomenda-se a elaboração de roteiro *pocket learning*, com a indicação do *link* pelo qual os alunos deverão acessar as atividades.
3. A fim de organizar, o docente pode criar um *drive* colaborativo com pastas nomeadas "estação 1", "estação 2", "estação 3", por exemplo. Em cada uma delas insere-se o roteiro e os materiais de apoio para a resolução do desafio.
4. Com os desafios organizados, os grupos formados e a explicação realizada, a atividade pode ser iniciada.
5. É importante que o professor consiga entrar nas salas virtuais dos grupos para orientá-los em caso de necessidade. Uma sugestão é criar times para distribuir os estudantes, pedir que eles criem as próprias salas ou utilizar algum aplicativo que faça essa divisão, como o Wonder.
6. Na Figura 29, veja um exemplo de aplicação utilizando-se o aplicativo Wonder, no qual o professor propôs três estações a partir do tema "astronáutica".

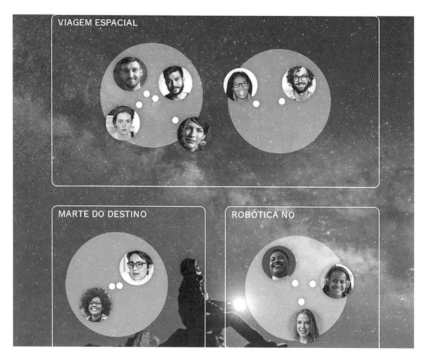

Figura 29 Exemplo da criação de grupos no aplicativo Wonder.
Fonte: Wonder (c2020, documento *on-line*).

- **Estação A – viagem espacial**
  Os alunos deverão trabalhar o desafio viagem espacial, o qual consiste na realização de pesquisas em relação aos seguintes temas: a) O que é viagem espacial; b) Média de custo de viagem; c) Condições meteorológicas; e d) Seleção e preparação das equipes. Nessa estação, os estudantes deverão utilizar mecanismos de busca e mídias sociais, fóruns e *websites* com fontes de pesquisa para elaborar um quadro com os principais resultados.

- **Estação B – Marte do destino**
  Na estação Marte do destino, os estudantes serão convidados a explorar o planeta Marte com o aplicativo de realidade aumentada Spacecraft, da Nasa, e reunir três curiosidades que chamaram atenção do grupo durante a expedição. Nessa etapa, é importante o professor inserir o *card* para exploração da realidade aumentada no roteiro.

Figura 30 Spacecraft AR.
Fonte: NASA's Jet Propulsion Laboratory (2019, documento *on-line*).

- **Estação C – robótica no espaço**
  Na estação C, os estudantes podem elaborar um mapa mental, um infográfico ou um quadro sinóptico para indicar do que se trata a robótica espacial e suas aplicações associadas. A ideia é que debatam sobre a visão geral da era espacial e das primeiras sondas robóticas anteriores ao pouso dos astronautas na Lua, para contextualizar a robótica no cenário de exploração espacial.
7. Ao término da atividade, o professor reúne os estudantes novamente e realiza o fechamento, explorando um pouco os desafios de cada estação, enfatizando os pontos de maior relevância e consolidando a aprendizagem

Podem ser utilizados envelopes, tabuleiros, QR Codes, recursos audiovisuais, *blogs*, *wikis*, *sites*, dependendo do material elencado, com base nos desafios de cada estação. Os aplicativos Zoom, Microsoft Teams, Google Meet e Wonder permitem a criação das salas para a resolução dos desafios em grupos.

Esta proposta pedagógica é bem versátil e se aplica aos modelos presencial ou híbrido desde que utilizados os recursos específicos e adaptados a cada um. Em sala de aula tradicional, pode-se utilizar as mesas para demarcar os desafios e inserir estações com atividades "mão na massa" para diversificá-las.

A avaliação pode ser realizada com base na resolução de cada desafio ou etapa, bem como no envolvimento dos estudantes com as atividades propostas.

É importante planejar as estações de forma independente, pois, se os alunos começarem por uma estação que depende de outra, não conseguirão alcançar o objetivo estabelecido. O professor pode formular quantas estações desejar, o importante é que o tempo total de cada estação seja suficiente para que as atividades sejam realizadas e os objetivos sejam alcançados.

ESTRATÉGIA 36: Storyboard

O *storyboard* é uma forma de apresentação de ideias, em geral utilizada para quando o que se pretende realizar exige certa sequencialidade – por isso, é organizada em quadros, por meio de uma narrativa que integra anotações, desenhos, recortes, etc. De modo mais específico, trata-se de um guia visual de forma sucinta e objetiva.

Para uso pedagógico, o *storyboard* é indicado em situações nas quais os estudantes precisam demonstrar de que forma resolveriam um problema real, por exemplo, a descrição de um fluxo de atendimento, a descrição do funcionamento de um negócio, as etapas da construção de uma obra, bem como outras formas utilizadas para representar visualmente o tema trabalhado.

- Associação e desenvolvimento de ideias.
- Visão processual e globalizada.
- Trabalho em grupo.
- Reflexão e tomada de decisão.
- Argumentação oral e escrita.

1. O primeiro passo é selecionar o conteúdo e preparar um problema real, como "Como é o funcionamento de uma linha de montagem de um automóvel", "Como elaborar um Plano Mestre de Produção (MPS)", "Como é o modelo de negócio de um produto *on-line*", "Como reciclar algum material?".
2. É importante destacar que o problema proposto deve permitir que o estudante demonstre fases, estágios e fluxos, ou seja, o enfoque deverá estar na representação de algo que indique uma sequência de ações priorizadas para a solução de um problema.
3. Depois de o estudante ler o conteúdo proposto, o professor deve lançar o problema e deixar que os alunos debatam a solução por 10 a 15 minutos. Se a turma for pequena, pode ser uma discussão com a turma toda, mas se tiver mais que 30 alunos, peça que migrem para os grupos *on-line*, fora da sala de origem, para o debate.
4. Ao término do debate, de volta à sala de origem, com a discussão sobre o assunto encerrada, o professor deve apresentar o problema, a estratégia de apresentação e o recurso que será utilizado, solicitando que os estudantes apresentem o processo de solução por meio dos quadros.
5. Os *boards* (quadros) devem expor o passo a passo das atividades, bem como as ações específicas que serão necessárias para a resolução do problema ou da situação atribuída no comando da tarefa.
6. Após certificar-se de que todos compreenderam o que e como fazer para concluir a atividade, o docente deve solicitar aos estudantes que retornem aos grupos virtuais para a resolução da tarefa. Essa etapa não deve ultrapassar mais de 30 minutos.

7. Para o fechamento da atividade, pode-se solicitar que os estudantes apresentem seu *storyboard* para que o professor possa estabelecer a relação com o conteúdo apresentado e assim consolidar a aprendizagem. É importante destacar que as produções dos alunos são fontes de conhecimento e, por isso, devem ser problematizadas pelo docente com base na teoria, elogiando, questionando ou mesmo refutando.

Como se trata da elaboração de quadros, muitos recursos podem ser utilizados – desde um simples PowerPoint até aplicativos específicos para produção de *storyboards*.

As ferramentas gerais com possibilidade de colaboração, ou seja, vários estudantes produzindo ao mesmo tempo em um único espaço, são as apresentações do Google, o Powerpoint, o Google Jamboard, o Word Editável, o Canva e até mesmo o *drive* compartilhado.

Alguns recursos específicos para a elaboração de *storyboards* são:

- https://boords.com/
- https://www.storyboardthat.com/pt
- https://conceptboard.com/

Se o estudante tiver mais tempo para executar a atividade e quiser ousar um pouco mais usando a criatividade, pode utilizar as imagens geradas nos *boards* como fotografia *mobile* e editar em vídeo com os novos aplicativos do Google, como o Selfismo, Storyboard e Scrubbies, que transformam as imagens em vídeos de forma divertida.

Para aplicar esta estratégia de forma presencial é muito mais simples, pois caneta e papel já são suficientes para que os grupos consigam realizar as entregas.

O professor pode distribuir folhas de sulfite, cartolina ou *flipcharp* para que cada uma seja um *board*. Ainda, pode disponibilizar o quadro para que façam seus registros ou transformar as paredes em uma verdadeira vitrine de aprendizagem, integrando diversos recursos, como *post-its*, recortes, etc.

O *storyboard* é uma excelente alternativa para gerar uma importante evidência de aprendizagem, uma vez que o estudante terá que representar o conteúdo proposto de forma evidente e aplicada. Na avaliação, os critérios devem ser claros para os alunos, como a objetividade, a capacidade de síntese, a visão processual e a capacidade de representação das suas ideias. Pode-se atribuir nota ou dar *feedback* construtivo para a evolução do aprendizado.

Para a elaboração do conteúdo dos *boards,* o docente pode pedir que os grupos utilizem apenas textos, imagens e anotações, mas o ideal é que integrem essas possibilidades em cada um dos quadros.

Delimite o número de quadros! Geralmente permitimos de três a oito quadros, dependendo do tema abordado. O tempo de apresentação por grupo também deve ser estabelecido de forma que não ultrapasse 10 minutos.

Essa atividade também pode ser realizada individualmente, caso considere mais relevante.

Outra dica incrível é que o grupo pode postar essa evidência de aprendizagem em outras plataformas, como o Padlet ou o Google Jamboard, e encorajar os colegas a comentarem, questionarem e fornecerem *feedback* sobre a solução apresentada. Depois ainda é possível atribuir nota aos comentários deixados no *post.*

ESTRATÉGIA 37:
Talk show

Conversar com pessoas e debater assuntos é uma forma de aprender e conhecer determinado tema com maior profundidade. A estratégia *Talk show* é uma maneira de levar convidados para uma aula virtual, remota, para debater assuntos, moderados por um professor ou estudante.

Nesta estratégia, o moderador se reúne virtualmente com um ou mais convidados, tendo a turma como plateia *on-line,* para discutir vários tópicos sobre o assunto que estão discutindo na disciplina ou projeto. O objetivo é ampliar a visão de conjunto sobre o tema abordado, aproximando teoria e prática. Os estudantes, ao atuarem como moderadores, têm nesta estratégia uma oportunidade de desenvolvimento da comunicação oral, pois se tornam protagonistas, no centro do debate.

- Investigação.
- Auto e heterorreflexão.
- Empatia.
- Comunicação oral.

1. Antes de realizar o *Talk show* é importante definir o seu roteiro, a fim de que a discussão e o bate-papo virtual sejam envolventes e engajem os participantes.
2. Sugere-se que os estudantes elaborem o roteiro como atividade prévia. Para isso, deverão conhecer o assunto, reunindo pontos convergentes e divergentes.
3. A partir deles, devem ser redigidas perguntas abertas provocadoras, para debate e discussão. As questões devem exigir respostas longas, que não sejam respondidas em 15 ou 20 segundos. Além disso, caso tenha mais de um debatedor, devem levar os demais participantes a complementar e expor seus pontos de vista.
4. O moderador, ao iniciar o *Talk show*, deve se apresentar de modo provocador e envolvente, com o objetivo de prender a atenção dos ouvintes virtuais. Deve apresentar o tema e o(s) convidado(s), instigando os ouvintes de maneira que queiram saber mais sobre a pessoa e sobre o assunto que será debatido.
5. Caso o moderador perceba contradições ou pontos de vista diferentes dos debatedores, pode voltar ao tema e solicitar que falem um pouco mais sobre ele. Ao final de cada pergunta, o moderador pode direcionar para o fechamento e argumentos conclusivos (daquela pergunta), favorecendo a aprendizagem dos estudantes.

6. O moderador deve evitar a dispersão dos entrevistados, ou seja, caso haja desvio ou dispersão na discussão, pode retomar o assunto levantando outras perguntas e aprofundando o debate.
7. Um ponto importante refere-se ao uso de aplicativos que permitam aos ouvintes interagir com os debatedores, lançando perguntas e questionamentos.
8. Ao final, o moderador apresenta um breve resumo do que foi discutido e agradece a presença dos debatedores.

O roteiro das perguntas para o debate pode ser feito coletivamente pelos estudantes, usando recursos de compartilhamento de textos. Sugere-se a utilização de recursos digitais para a confecção de convites, como o Canva ou aplicativos de apresentação. Para a realização do *Talk show* é possível utilizar qualquer aplicativo de interação remota, como Google Meet, Microsoft Teams, Zoom, Blackboard Collaborate, entre outros. E, para interação entre moderador, debatedores e ouvintes, pode ser utilizado aplicativo como o Mentimeter, para medir a audiência, o posicionamento e verificar a opinião dos ouvintes em tempo real.

Esta proposta pedagógica é bem versátil e se aplica aos modelos presencial e híbrido utilizando-se os mesmos princípios e recursos. Ao utilizá-la no modelo presencial, o professor, ao final do *Talk show*, pode solicitar aos estudantes que apresentem os principais resultados e questionamentos trabalhados durante a tarefa.

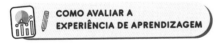

A avaliação pode ser realizada com base na capacidade de extrair e sintetizar informações dos debatedores no *Talk show*. A tabulação das principais ideias ou aprendizados gerados, quando postados no ambiente virtual de aprendizagem, gera um registro de evidência de aprendizagem que permite fornecer *feedback* e apontamentos de melhorias, além de contribuir para o enriquecimento do portfólio de atividades realizadas pelo estudante. A apresentação do *Talk show*, quando mediada por um estudante (ou grupo), é uma poderosa ferramenta de desenvolvimento da comunicação oral, que também pode ser avaliada.

É importante que o professor ajude os estudantes a organizarem o roteiro do *Talk show* e os prepare para realizá-lo. Podem ser ensinadas técnicas de apresentação e comunicação oral. Para muitos, se aprende mais quando se coloca a "mão na massa", ou seja, fazendo.

A estratégia pode ser mais efetiva e valorizada pelos estudantes quando aplicada com profissionais que sejam referência em sua área, independentemente do local onde estão, pois espera-se que o *Talk show* (debate virtual) transcenda barreiras físicas e de distanciamento geográfico.

Para promover maior participação e engajamento, o moderador poderá fazer uso de ferramentas de interação *on-line* (como o Mentimeter), buscando medir a audiência a respeito do assunto debatido e perguntando, em tempo real, a opinião do entrevistado.

ESTRATÉGIA 38:
Team-based learning no ensino híbrido

O ensino híbrido prevê o estudo prévio articulado com atividades e encontros presenciais, ou, ainda, o estudo antes da atividade planejada para o encontro remoto, síncrono. A *Team-based learning* (TBL), nesse sentido, surge como estratégia de verificação do conhecimento e, também, para aprofundamento, troca de informações, debate e discussão, entre outras possibilidades.

A TBL é uma estratégia de aprendizagem ativa desenvolvida na University of Oklahoma, Estados Unidos, pelo professor de administração Larry Michaelsen, na década de 1970. Incentivada e apoiada em estudos de diversas áreas, por grupos (times) de estudantes, a partir do protagonismo dos alunos na resolução das atividades, tanto individual quanto coletivamente.

A estratégia envolve gerenciamento de equipes, realização de tarefas de preparação e aplicação conceitual, *feedback* e avaliação entre pares (colegas).

- Capacidade de tomada de decisões mais racionais para a solução de problemas.
- Desenvolvimento das habilidades interpessoais.
- Argumentação.
- Trabalho em equipe.
- Autonomia.
- Senso crítico.
- Autodidatismo (estudo prévio).

A TBL é realizada em três etapas: 1) preparação; 2) garantia de preparo; e 3) aplicação de conceitos (BOLELLA *et al.*, 2014), conforme apresentado na Figura 31.

1. Preparação	2. Garantia de preparo	3. Aplicação de conceitos
Pré-aula Estudo individual	Na aula virtual Teste eletrônico com uso de aplicativo Teste em equipe com uso de aplicativo Apelação (argumentação) *Feedback* do professor	Na aula virtual Teste eletrônico com uso de aplicativo: questões de múltipla escolha; questões de verdadeiro ou falso

Figura 31 Etapas da *Team-based learning*.
Fonte: Adaptada de Bolella *et al.* (2014, p. 294).

Assim, sugere-se a sequência didática:

1. Antes da aula, o professor deve avisar aos participantes sobre a necessidade de leitura prévia (estudo prévio antes da aula – pré-aula), pois a aplicação da TBL contempla atividades relacionadas com o assunto ou unidade de aprendizagem estudada. Caso não utilize como pré-aula, o professor também pode adaptar a estratégia para estudo de determinado conteúdo ou texto. Nesse caso, o docente poderá disponibilizar um pequeno texto do conteúdo programado.

2. O professor inicia uma primeira aplicação dos testes, os quais devem ser respondidos individualmente pelos estudantes. Eles podem ser aplicados com o uso de aplicativos e o professor não deve discutir os erros ou acertos de cada questão, apenas fazer a aplicação do teste.

3. Após essa etapa, o docente exibe a tabulação final dos acertos, fornecida pela própria plataforma, para que cada estudante tenha sua resposta individual.

4. Em seguida, o professor deve formar times de cinco a sete pessoas. Na formação dos times, deve priorizar a diversidade, evitando a escolha por proximidade. Na sala de aula virtual, esses grupos podem ser divididos e randomizados pela própria plataforma de aprendizagem.

5. Posteriormente, é feita a reaplicação do teste. Agora, em times, os estudantes devem responder às questões na plataforma. Ao responderem em grupos, os participantes devem rever e discutir os conceitos abordados em cada questão, chegando a um consenso.

6. Ao final da segunda aplicação, o professor fornece a tabulação das respostas geradas pelos times e as respostas de cada questão para tabulação final (tanto individual quanto coletiva). Nessa hora, pode-se fazer comentários e discussão acerca de cada questão. Caso alguma equipe queira intervir sobre alguma questão que julgam correta, podem fazer isso após a correção do gabarito, ou seja, nesse momento podem entrar com recurso solicitando "anulação da questão", argumentando e posicionando-se na discussão coletiva a favor de seu ponto de vista.

7. Com as respostas individuais (primeira rodada) e respostas coletivas (segunda rodada), cada estudante deve preencher o resultado, tabulando-o em formulário eletrônico ou por meio de planilha eletrônica compartilhada para preenchimento na nuvem (veja um exemplo na Figura 32). Após a conferência, é realizada a contagem da pontuação, tanto individual como da equipe.

A sala de aula digital **165**

Nome do aluno: _____						Equipe n.º _____	
Avaliação como garantia de preparo							
N° alternativa	A	B	C	D	E	Pontos individuais	Pontos da equipe
1.							
2.							
3.							
etc.							
					Total de pontos		
Etapa 2.1: Garantia do preparo individual. Etapa 2.2: Garantia do preparo em grupo.							

Figura 32 Folha de resposta para a avaliação como garantia de preparo.
Fonte: Adaptada de Bolella *et al.* (2014, p. 295).

A avaliação pode ser realizada tanto com base na resolução de cada questão quanto com base na participação e tomada de decisão coletiva. Aplicativos como o Socrative são auxiliares do professor, proporcionando o lançamento das questões, resolvidas primeiro individualmente, para que depois possam ser resolvidas coletivamente, em times. Na avaliação, sugere-se que o professor atribua peso para os desempenhos individual e coletivo.

Esta proposta pedagógica é bem versátil e se aplica ao modelo presencial utilizando-se os mesmos princípios e recursos. Na modalidade presencial, o professor pode levar testes impressos para a sala de aula e folha de resposta para a avaliação como garantia de preparo.

COMO AVALIAR A EXPERIÊNCIA DE APRENDIZAGEM

Na TBL, os alunos podem ser avaliados pelo seu desempenho individual e em grupo. Uma estratégia usada refere-se à pactuação entre docente e discente sobre a ponderação da avaliação, considerando o resultado do teste individual, em grupo e entre os próprios colegas (PARMELEE *et al.*, 2012).

A pontuação pode ser feita de várias formas. Por exemplo, cada questão pode valer cinco pontos e o participante assinalar um total de cinco pontos em cada linha. Ou, o professor pode sugerir a distribuição.

No primeiro caso, o participante pode, por exemplo, colocar os cinco pontos em uma só alternativa, ou, se estiver inseguro sobre a resposta correta, dividi-los em várias alternativas, da forma que quiser (p. ex., 4+1, 3+2, 2+2+1, 2+1+1+1, 1+1+1+1+1), desde que a soma totalize cinco.

No segundo caso, o professor pode sugerir pesos ou faixas percentuais de ponderação mínima e máxima para cada avaliação (BOLELLA *et al.*, 2014). Em vez de deixar os alunos decidirem pela distribuição dos pontos, ele a estabelece e aplica a estratégia.

DICAS INCRÍVEIS

A atividade fará muito sucesso se o professor apresentar as questões com o uso de aplicativos como o Socrative. O Socrative permite a aplicação de testes individuais e em grupos, gerando, ao final, a tabulação com as respostas. Facilita a aplicação da estratégia e a posterior tabulação, com *ranking*, no formulário ou planilha eletrônica compartilhada na nuvem.

ESTRATÉGIA 39:
Timeline virtual

Esta estratégia pode ser usada para início de curso, pois incentiva os estudantes a se conhecerem, ou para a introdução de um novo tópico, a fim de iniciar uma nova etapa da disciplina ou projeto. *Timeline* virtual leva o estudante a refletir sobre o que foi feito até o momento (passado) e o que pode ser feito no futuro (fazer ou rever o planejamento), levando-o à tomada de decisão.

Pode ser aplicada individualmente, em grupos ou com a turma toda. É uma estratégia eficaz para o desenvolvimento analítico, para a revisão de conceitos, para a reflexão do percurso em determinada disciplina ou projeto, e para a tomada de decisão (do que ainda pode ser feito e como).

- Trabalho em equipe.
- Análise.
- Visão de conjunto.
- Reflexão e tomada de decisão.

1. Depois de definir o objetivo da interação virtual (p. ex., rever conceitos, replanejar um projeto, apresentar os estudantes), o professor disponibiliza uma *Timeline* virtual para os alunos preencherem com os principais eventos em um determinado período.

2. A *Timeline* pode ser realizada em dias, meses ou anos. Por exemplo, nos últimos 30 dias, os estudantes podem recordar o que aprenderam ou o que fizeram no projeto e registrar. Se forem considerados meses, podem fazer o registro de um projeto ou de uma disciplina semestral. Ao apresentar em anos, podem documentar experiências em suas vidas, ou, ainda, do curso como um todo.

3. Depois de preenchida a *Timeline* virtual, os alunos podem compartilhar seus registros com colegas e professores. O docente, se desejar, pode fazer um grande painel ou mural digital com a *Timeline* dos estudantes.

4. A partir daí, em uma disciplina ou projeto, os alunos podem discutir as semelhanças e as diferenças do percurso e do que aprenderam, a fim de fazer um planejamento futuro, revisando os resultados do projeto até o momento.

5. Ao final, o professor faz os apontamentos e fornece *feedback* a respeito das *Timelines*, evidenciando os pontos positivos e os pontos de melhorias, para a disciplina e para o projeto, fazendo ajustes e correções. Ao projetar eventos futuros na *Timeline*, também é possível rever o cronograma de aprendizagem com os estudantes, dirimindo dúvidas e expectativas nos processos

de ensino e de aprendizagem. Caso a estratégia seja aplicada na aprendizagem 100% EaD, o professor ou tutor, ao final, fornece *feedback* via ambiente virtual de aprendizagem.

Para fazer a *Timeline* virtual destacamos o uso do Google Jamboard, ferramenta de fácil utilização que permite convidar os estudantes a preencherem o quadro, conforme exemplificado na Figura 33, escrevendo nele ou usando *post-its* digitais. Também é possível utilizar o Trello. Nesse caso, cada cartão pode representar uma etapa da disciplina e projeto, com os devidos apontamentos e registros.

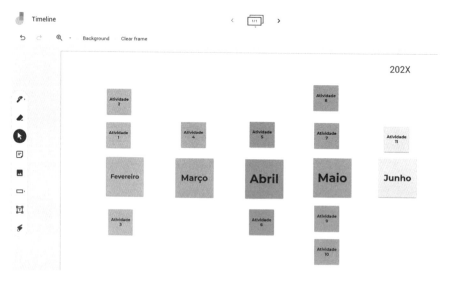

Figura 33 *Timeline* virtual com uso da ferramenta Google Jamboard.
Fonte: Google for Education (c2021, documento *on-line*).

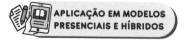

Esta proposta pedagógica é bem versátil e se aplica ao modelo presencial utilizando-se os mesmos princípios e recursos. No ensino presencial, o professor pode utilizar o quadro ou papel do tamanho A1 ou A3, em branco, para que os estudantes façam a *Timeline* e, ao final, se desejar, pode montar um painel físico na sala de aula para discussão e acompanhamento.

COMO AVALIAR A EXPERIÊNCIA DE APRENDIZAGEM

A avaliação da aprendizagem deve ser realizada conforme o objetivo da estratégia, por exemplo, a capacidade de análise, por meio das evidências dos registros na linha do tempo, a capacidade de visualização, a síntese, a reflexão e a tomada de decisão. É importante que o estudante envie a *Timeline* para o professor, via ambiente virtual de aprendizagem, para que a evidência de aprendizagem fique registrada e também para que seja realizado *feedback* por meio da plataforma.

DICAS INCRÍVEIS

A aplicação da estratégia pode ser realizada com o uso do Google Jamboard, disponível gratuitamente. Na interação virtual, *on-line*, o professor pode construir uma *Timeline* por grupo e, ao final, uma grande *Timeline* com os principais apontamentos da turma.

Pode ser usada como uma estratégia de gerenciamento de projetos, com o registro do que foi feito (passado), o que está sendo feito (presente) e o que precisa ser feito (futuro).

Sugere-se que o docente atribua nota parcial à realização e à entrega (postagem) da tarefa, podendo ser compreendida como uma etapa ou percurso da disciplina ou projeto. Assim, os alunos têm a oportunidade de receber *feedback*, etapa por etapa, indo ao encontro da avaliação formativa.

ESTRATÉGIA 40:
Video based learning

A *Video based learning* (VBL) é uma abordagem de aprendizagem baseada no uso de vídeos como recurso pedagógico.

Na prática, trata-se da forma como o material é produzido para gerar o aprendizado (Figura 34), buscando-se modificar a passividade dos vídeos tradicionais para altamente interativos.

Tal interação pode ser materializada por meio da utilização de animações com infográficos e textos, cenários, explicação de conceitos por meio de *storytelling*, ou outras narrativas visuais e textuais a fim de compor a explicação dos conteúdos e promover o desenvolvimento de competências.

Figura 34 Produção de um vídeo microlearning pautado na VBL.

Com a VBL, pode-se utilizar webséries para criar experiências de aprendizagem de alto impacto, fomentar o *chat* durante a transmissão com convidados especialistas, bem como outras estratégias associadas que qualificam o processo de interação entre os participantes.

Por se tratar de uma prática cada vez mais disseminada em ambientes virtuais, mediante a democratização do acesso aos dispositivos móveis, seus benefícios e vantagens são:

- qualificação da interação com os estudantes;
- flexibilidade do objeto de aprendizagem por ser síncrono e assíncrono;
- fácil acesso e intuitivo;
- combinatividade com outras práticas;
- importante ferramenta de microlearning – formato de aprendizagem *on-line* de curta duração, com foco no objetivo de aprendizagem.

Existem várias possibilidades de elaborar e editar vídeos de forma que fiquem mais interativos, por exemplo: animá-los com infográficos, apresentação de cenários, histórias de pessoas, usuários de algum serviço ou clientes, explicação de especialistas, apresentação de conceitos por meio de uma história (narrativa, texto cinético, fundo pode ser estático) e, ainda, animação *whiteboard*.

A sala de aula digital **171**

- Comunicabilidade.
- Capacidade de escuta e atenção.
- Capacidade de síntese.

1. Após definir o tema, o professor deve elaborar ou selecionar um vídeo que contribua para o aprendizado dos estudantes.
2. Depois, deve enviá-lo aos alunos. Isso pode ocorrer no início da aula, no meio ou mesmo no final, como uma avaliativa de fechamento.
3. Para engajar os estudantes, o docente pode solicitar que busquem alguma "resposta" ou "informação" durante a apresentação do vídeo. O *chat* ou a exposição oral (microfone aberto) podem ser usados como recursos para fomentar a participação.
4. Em caso de uma transmissão ao vivo, desafios, perguntas ou outras possibilidades pedagógicas que garantam uma interação imediata também podem ser utilizados.
5. Para finalizar, é importante que as respostas dos estudantes sejam relacionadas com o conteúdo teórico apresentado.

Além de câmera, microfone e um local iluminado, existem vários recursos que podem auxiliar na edição e, assim, melhorar a qualidade do vídeo: Lightworks, VideoShow, Windows Movie Maker, Camtasia, VivaVideo, Free Video Editor. Porém, para retirar erros de gravação em um vídeo feito com captura de tela, o Free Video Editor ou o Movie Maker são as melhores opções. O Videoshow permite gravar e editar vídeos direto no celular. Já para gravar a tela e adicionar narração utilize o Mobizen.

Para professores que utilizam essa abordagem com frequência, seguem outros recursos essenciais: Clip Converter (converte arquivos de vídeos já presentes no computador e, também, para *download* de vídeos do YouTube) e Audacity (remove ruídos de gravação, aumenta ou diminui o volume, além de permitir edição do áudio, inclusive para *podcasts*). Para realizar edições de vídeo indicamos também o InShot e KineMaster. Para aplicação de efeitos ou filtros, o aplicativo Indie é uma excelente opção. Os *softwares* Screen Recorder, OBS Studio e FlashBack Express são indicados para utilizar PowerPoint com imagens de apoio.

No entanto, se preferir a inserção de vídeos prontos nas aulas, sugerimos o YouTube Edu e o Ted para busca de vídeos educativos e relevantes.

Esta proposta pedagógica é bem versátil e se aplica aos modelos presencial e híbrido utilizando-se os mesmos princípios e recursos, apenas adaptando-se os grupos em sala de aula.

Por se tratar de uma prática de produção de conteúdo elaborada pelo professor, pode-se avaliar o conhecimento dos estudantes mediante a entrega de um relatório, a participação em um *quiz*, entre outras possibilidades. O docente pode, ainda, dar *feedback* por meio de vídeo ou solicitar a produção de vídeo pelos próprios estudantes e avaliar se os objetivos foram atingidos.

Destaca-se que a avaliação pode ser realizada com base na capacidade de extrair e sintetizar informações do vídeo. A tabulação do conteúdo, quando postados no ambiente virtual de aprendizagem, gera um registro de evidência de aprendizagem que permite fornecer *feedback* e apontamentos de melhorias, além de contribuir para o enriquecimento do portfólio de atividades realizadas pelo estudante.

Quanto mais interativo melhor! A interação nos vídeos torna-se um processo de aprendizagem bidirecional, isso significa que quando os alunos interagem com o vídeo, sua capacidade de confiança e de compreensão aumenta.

Elementos interativos podem ser adicionados nos vídeos ou o professor pode usar modelos de vídeos interativos por meio de diversas ferramentas de edição. Para ter sucesso na VBL, a elaboração de um roteiro antes de iniciar a gravação é essencial. Além disso, quanto mais curto e didático, mais bem aceito ele será pelos estudantes.

Outra dica incrível é a inserção de narrações para aumentar o engajamento. Com elas, o docente pode guiar os alunos por meio de *scripts* de voz, possibilitando-os ouvir o áudio mesmo se estiverem envolvidos em outras atividades que exijam sua presença física.

ESTRATÉGIA 41:
Webquest

Esta estratégia auxilia estudantes na pesquisa de informações na *web* quando precisam resolver um problema ou elaborar um artefato do saber (produto de um projeto). É um tipo de recurso que pode ser cada vez mais explorado, com criticidade, ao considerar que a internet se tornou um grande repositório de informações.

- Trabalho em equipe.
- Auto e heterorreflexão.
- Investigação.
- Pensamento crítico.

1. **Introdução ou cenário:** o professor deve selecionar um tema a ser estudado com recursos da *web*, o qual servirá como cenário para apresentar a tarefa ou problema a ser solucionado. Por exemplo: todos nós consumimos ao longo da vida. Adquirimos bens ou serviços, sejam eles essenciais ou não. Cada um de nós tem um determinado comportamento de compra, influenciado por nossas necessidades, como, por exemplo, as preconizadas na hierarquia das necessidades humanas de Maslow. Você sabe o que é a hierarquia das necessidades de Maslow e como ela influencia o comportamento do consumidor?

2. **Tarefas:** posteriormente, o professor ou facilitador deve apresentar as tarefas (objetivos) que serão desenvolvidas para a resolução do problema ou a construção do produto. Por exemplo: cada grupo (ou, se o professor preferir, pode ser individualmente) deverá:

   a. Analisar a pirâmide das necessidades de Maslow.

   b. Caracterizar cada necessidade e diferenciá-las.

   c. Fazer uma breve apresentação, animação ou vídeo, com as informações encontradas, demonstrando os principais fatores e motivações das compras, sob a ótica de Maslow, encontradas em sua pesquisa.

3. **Atividades:** em seguida, o professor organiza o caminho para a resolução do problema ou para a realização das tarefas propostas. Ele deve ser desdobrado em etapas ou processos. Por exemplo: para obter informações sobre as necessidades de Maslow, visite os *sites*:

   a. Unidade de aprendizagem Comportamento do consumidor;

   b. https://www.scielo.br/scielo.php?script=sci_arttext&pid=S0034-75901981000400004;

   c. https://www.youtube.com/watch?v=EIU3GHDmGqA;

   d. https://www.youtube.com/watch?v=W0e0Snp0_tw;

   Posteriormente:

   a. Escreva um resumo de cada necessidade de Maslow (presente na unidade de aprendizagem, no texto e nos vídeos assistidos).

   b. Diferencie cada necessidade e relacione-as, exemplificando como podem ser aplicadas ao consumo (*marketing* e propagandas).

   c. Apresente o que o grupo aprendeu e quais dúvidas foram levantadas.

   d. Elabore uma breve apresentação, animação ou vídeo, com as informações encontradas, demonstrando os principais fatores e motivações das compras, sob a ótica de Maslow, encontradas em sua pesquisa.

4. **Avaliação:** o professor deve elaborar os critérios de avaliação e deixá-los claros para os estudantes. Por exemplo: ao final, "vamos avaliar se vocês resolveram as tarefas propostas?".

   - Caracterizaram cada necessidade?

   - Diferenciaram cada necessidade de Maslow?

   - Conseguiram relatar como as necessidades de Maslow podem ser aplicadas ao consumo?

   - Trabalharam em equipe?

O *site* webquestfacil.com.br disponibiliza vários exemplos de *webquests* que podem ser utilizadas em diversas áreas: artes, biologia, ciências, filosofia, sociologia, matemática, química, história, geografia, língua portuguesa, etc., ao mesmo tempo que permite ao docente fazer sua própria *webquest*.

Esta proposta pedagógica é bem versátil e também se aplica ao modelo presencial utilizando-se os mesmos princípios e recursos.

A avaliação pode ser realizada com base na resolução de cada desafio ou etapa, bem como no envolvimento dos estudantes com a tarefa. Sugere-se que o aluno, ao término de cada etapa (ou da atividade em si), registre a atividade no ambiente virtual de aprendizagem.

Nesta estratégia, os critérios de avaliação ficam evidentes no planejamento, uma vez que o professor deve apresentá-los para os estudantes, ou seja, as evidências de aprendizagem.

É possível tornar essa estratégia mais interessante a partir da aprendizagem gamificada, faseando à medida que o estudante avança em sua investigação na internet. Outra dica incrível é incentivar os alunos na busca e na solução do problema pela investigação digital. Também podem ser utilizados vídeos 3D ou 360°, de simulação ou visualização de ambientes reais, como forma de engajar e motivar os estudantes.

ESTRATÉGIA 42:
Youtuber

O *Youtuber* é uma estratégia com uso de mídia audiovisual, que explora diferentes competências dos estudantes, como comunicação oral (apresentação do telejornal), comunicação escrita (produção de textos informativos) e revisão textual.

Pode ser aplicada utilizando-se diversos aplicativos, para gravação, edição e disponibilização da mídia, com uso de computadores, *smartphones* ou *tablets*. Permite colocar o estudante no centro da aprendizagem, como protagonista *Youtuber*, trabalhando diversas habilidades, com muita criatividade.

- Trabalho em equipe.
- Pensamento crítico.
- Planejamento.
- Organização.
- Criatividade.
- Comunicação escrita.
- Comunicabilidade oral.

1. O professor deve selecionar um assunto para que os estudantes façam um vídeo para o YouTube.
2. Depois, divide o tema em subtemas, em duplas ou grupos (se quiser, pode aplicar a estratégia individualmente). Os estudantes devem elaborar o roteiro, o cenário e cuidar do figurino, além de apresentar o vídeo.

3. Inicialmente, na fase de planejamento, os alunos devem fazer um breve roteiro indicando o tema e como ele será abordado no vídeo.
4. Para a gravação, os estudantes podem ir a campo e registrar conteúdos relacionados ao tema, entrevistando pessoas, verificando a opinião a respeito do assunto e apresentando casos, relatos e histórias de sucesso. Os vídeos podem ser gravados com o *smartphone* na horizontal. Se possível, deve-se optar por ambientes sem muito barulho ou ruído e com boa iluminação (pode ser um cômodo casa ou ambiente da faculdade ou escola).
5. Após a gravação do vídeo, os estudantes devem editá-lo. O objetivo, nessa etapa, é melhorar luz, contraste, limpar o áudio e encaixar o som, do melhor modo possível, com o andamento da filmagem, adicionando trilha sonora, efeitos especiais, imagens, memes, entre outros.

Para gravação, os alunos podem utilizar qualquer aplicativo disponível no *smartphone*. Para a edição, sugere-se o uso dos aplicativos FilmoraGo Editor de Vídeo, Foto Música InShot ou YouCut Editor de Vídeo, que são editores multiplataformas. Caso tenham maior afinidade com outro, podem utilizá-lo também. Para uso em computadores, um *software* de fácil aplicação é o Movavi.

Esta proposta pedagógica é bem versátil e se aplica aos modelos 100% EaD, semipresencial e presencial utilizando-se os mesmos princípios e recursos.

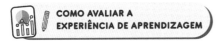

A avaliação pode ser feita contemplando diversos aspectos, como planejamento do conteúdo (roteiro escrito) e produto (vídeo gravado). Recomenda-se que o vídeo seja registrado (postado) como atividade da disciplina ou projeto no ambiente virtual de aprendizagem, registrando as evidências e possibilitando devolutivas, *feedbacks* e oportunidades de melhorias.

A aplicação da estratégia ficará mais interessante e descontraída ao incentivar os estudantes a fazerem registros de fatos cotidianos, contextualizando os assuntos que estão estudando. É essencial que o roteiro seja bem construído, delimitando o tema (ou subtema) e apresentando elementos que prendam a atenção do espectador, instigando sua curiosidade. Alguns podem fazer abordagens do tipo documentário, outros, abordagem sensacionalista, ou, ainda, de forma divertida, usar figuras, memes e recursos sonoros descontraídos na edição. É importante que o professor apresente diversas abordagens ou vídeos de YouTube para que os alunos vejam diferentes possibilidades para criar o seu próprio vídeo. Outra dica incrível é visualizar o vídeo como uma pílula de conteúdo, ou seja, abordar os principais tópicos da notícia de modo breve (não mais do que 4 ou 5 minutos).

O que vem por aí

Prezado(a) professor(a), chegamos ao término da nossa jornada, no entanto, para que você siga sendo capaz de inovar de forma contínua em sua atividade profissional, é importante continuar aprofundando seus estudos por toda a vida. Sabemos que o *lifelong learning,* isto é, a aprendizagem continuada, é uma tendência não apenas para os estudantes, mas também para os professores.

Sua busca deverá estar em consonância com o domínio e a instrumentalização de diversos recursos e estratégias que englobam possibilidades convencionais, mas também tecnológicas. Considere a exploração de novos espaços e recursos, integrados a novas formas de abordagem. Ser professor implica a atualização profissional e pessoal contínua, ou seja, além da atualização em sua área de conhecimento, cada vez mais é necessário manter-se inteirado sobre as metodologias, estratégias e práticas pedagógicas.

Tenha em mente que cabe ao docente criar condições favoráveis para potencializar e intensificar os processos de ensino e de aprendizagem dos estudantes. Por isso, conhecer como o ser humano aprende – como essa aprendizagem pode variar evolutivamente – e ter uma gama de recursos e estratégias para a aplicação de práticas pedagógicas inovadoras nas salas de aula digitais pode ser um grande diferencial para sua carreira.

Ser professor é uma tarefa nobre e desafiadora. O profissional tem a oportunidade, cotidianamente, de mudar a vida dos estudantes a partir de seu exemplo pessoal e de suas atitudes comportamentais. É a liderança na sala de aula. Mais do que ensinar, o professor salva vidas.

As (novas) tecnologias da informação e comunicação estão mudando as formas de interação em todas as esferas da sociedade: no trabalho, no gerenciamento político, nas atividades militares e policiais (a guerra eletrônica), bem como no consumo (transferência de fundos eletrônicos), na comunicação e, não poderia ser diferente, na educação (SANTAELLA, 2003).

A sociedade conectada, em rede, permite o uso mais amplo dos recursos digitais, possibilitando ao indivíduo transcender os limites característicos da interação face a face (no mesmo tempo e espaço), levando à reordenação das questões de espaço e tempo dentro dessa organização social, bem como o uso dessa reorganização como meio para atingir seus objetivos. A disjunção entre espaço e tempo abriu caminho para outra transformação, ligada ao desenvolvimento tecnológico, a simultaneidade não espacial. Em síntese, a ocorrência de eventos acontecendo ao mesmo tempo e em espaços diferentes. A simultaneidade tornou-se global em alcance.

O mundo passa por inúmeras transformações, a digitalização chegou para ficar. Cada vez mais teremos a oportunidade de interagir sem barreiras com pessoas de qualquer parte do mundo. O ser humano cresce em grupo. Com a digitalização, esse crescimento pode ser exponencial, afinal, aprender com outras pessoas, com culturas diferentes, com outra visão de mundo, é ser enriquecedor, e a tecnologia proporciona essa aproximação.

A educação cada vez mais fará uso da tecnologia, aproximando o presencial (físico) do digital. A integração é uma tendência natural. Podemos e devemos usar a tecnologia a favor da educação – ela, por si só, é neutra, ou seja, seu uso pode ter consequências positivas ou negativas. Convidamos você, professor, para que faça uso da tecnologia para influenciar positivamente a vida dos estudantes.

Mais do que estratégias, procuramos apresentar um conjunto de recursos, novidades, formas de planejar, de gerenciar a aprendizagem, de gerar evidências, de fornecer *feedback* e oportunidades de melhorias. Queremos, cada vez mais, que os educadores sejam capazes de desenvolver nos estudantes o pensamento crítico, a capacidade de solucionar problemas, a criatividade, entre tantas outras competências. Esse é o maior patrimônio que um professor pode dar a seu aluno. A educação é transformadora – afinal, o aprendizado deve ser para a vida.

Foi um grande prazer fazer parte de sua formação continuada, e esperamos ter conseguido atender suas expectativas em relação aos estudos proporcionados por este livro. Sabemos que a nossa formação, como professores, não se esgota aqui. A digitalização nos dá indícios de que muita coisa ainda vem por aí.

Até a próxima oportunidade!

Referências

AMAZON Prime Air's First Customer Delivery, 2016. 1 vídeo (2 min). Disponível em: https://www.youtube.com/watch?time_continue=85&v=vNySOrI2Ny8&feature=emb_logo. Acesso em: 18 fev. 2021.

AMBRÓSIO, M. *O uso do portfólio no ensino superior*. Petrópolis: Vozes, 2013.

ARAÚJO, U. F.; ARANTES, V. A. Comunidade, conhecimento e resolução de problemas: o projeto acadêmico da USP Leste. *In*: ARAÚJO, U. F.; SASTRE, G. (org.). *Aprendizagem baseada em problemas no ensino superior*. São Paulo: Summus, 2009. p. 101-122.

ATLASSIAN. *Trello*. c2021. Disponível em: https://trello.com/home. Acesso em: 18 fev. 2021.

BENDER, W. N. *Aprendizagem baseada em projetos*: educação diferenciada para o século XXI. Porto Alegre: Penso, 2014.

BERGMANN, J.; SAMS, A. *Sala de aula invertida*: uma metodologia ativa de aprendizagem. Rio de Janeiro: LTC, 2016. E-book.

BOLLELA, V. et al. Aprendizagem baseada em equipes: da teoria à prática. *Medicina*, v. 47, n. 3, p. 293-300, 2014.

BRASIL. *Cultura digital*. Brasília: Ministério da Educação, 2019. (Cadernos Pedagógicos). Disponível em: http://portal.mec.gov.br/index.php?option=com_docman&view=download&alias=-12330-culturadigital-pdf&Itemid=30192. Acesso em: 15 fev. 2021.

CAMARGO, F.; DAROS, T. *A sala de aula inovadora*: estratégias para fomentar o aprendizado ativo. Porto Alegre: Penso, 2018.

CARAZZAI, E. H. Paciente morre após erro de auxiliar de enfermagem em hospital de Curitiba. *Folha de São Paulo*, 5 out. 2012. Disponível em: https://www1.folha.uol.com.br/cotidiano/1164855-paciente-morre-apos-erro-de-auxiliar-de-enfermagem-em-hospital-de-curitiba.pr.shtml. Acesso em: 19 fev. 2021.

CLASSMAKER. c2021. Disponível em: https://www.classmarker.com/. Acesso em: 18 fev. 2021.

CONCEPTBOARD. 2021. Disponível em: https://conceptboard.com/. Acesso em: 19 fev. 2021.

COTTA, R. M. M.; COSTA, G. D. Instrumento de avaliação e autoavaliação do portfólio reflexivo: uma construção teórico-conceitual. *Interface*, v. 20, n. 56, p. 171-183, 2016.

DEWEY, J. *Experiência e educação*. 2. ed. São Paulo: Ed. Nacional, 1976. (Atualidades pedagógicas, v.131.)

EUROPEAN UNION [UNIÃO EUROPEIA]. *Achieving a European Education Area by 2025 and resetting education and training for the digital age*. Bruxelas, 2020b. Disponível em: https://ec.europa.eu/commission/presscorner/detail/en/IP_20_1743. Acesso em: 18 out. 2020.

EUROPEAN UNION [UNIÃO EUROPEIA]. *Digital education plan action 2021-2027*: resetting education and training for the digital age. 2020a. Disponível em: https://ec.europa.eu/education/

182 Referências

sites/education/files/document-library-docs/deap-communication-sept2020_en.pdf. Acesso em: 20 out. 2020.

EVIDÊNCIA. *In:* MICHAELIS. São Paulo: Melhoramentos, 2020. Disponível em: https://michaelis.uol.com.br/moderno-portugues/busca/portugues-brasileiro/evid%C3%AAncia/. Acesso em: 15 fev. 2021.

EXAMTIME. *GoCongr.* c2021. Disponível em: https://www.goconqr.com/pt-BR. Acesso em: 19 fev. 2021.

FACEYOURMANGA. c2021. Disponível em: https://www.faceyourmanga.com/. Acesso em: 19 fev. 2021.

FAVA, R. *Trabalho, educação e inteligência artificial*: a era do indivíduo versátil. Porto Alegre: Penso, 2018.

FERRAZ, A. P. C. M. *Instrumento para facilitar o processo de planejamento e desenvolvimento de materiais instrucionais para a modalidade a distância*. 2008. 234 f. Tese (Doutorado em Engenharia de Produção) - Universidade de São Paulo, São Carlos, 2008. Disponível em: https://www.teses.usp.br/teses/disponiveis/18/18140/tde-14012009-225604/publico/0820059_DirMatIns_DR.pdf. Acesso em: 25 ago. 2020.

FERRAZ, A. P. C. M.; BELHOT, R. V. Taxonomia de Bloom: revisão teórica e apresentação das adequações do instrumento para definição de objetivos instrucionais. *Gestão e Produção*, v. 17, n. 2, p. 421-431, 2010.

FISHER, D.; FREY, N.; HATTIE, J. *The distance learning playbook, grades K-12*: teaching for engagement and impact in any setting. New York: Corwin, 2020.

FREITAS FILHO, F. L. Aplicação de avaliação formativa por meio de rubricas em um projeto pedagógico *In*: VILAÇA, L. D.; LANARI, R. A. de O. *Experiências de ensino e aprendizagem na universidade*: diálogos entre Brasil e Finlândia. Belo Horizonte: Letramento, 2019. p. 121-130.

GOOGLE ART AND CULTURE. *Museus.* 2021. Disponível em: https://artsandculture.google.com/explore. Acesso em: 18 fev. 2021.

GOOGLE FOR EDUCATION. *Jamboard.* c2021. Disponível em: https://edu.google.com/intl/pt-BR/products/jamboard/. Acesso em: 19 fev. 2021.

GRAY, D.; BROWN, S.; MACANUFO, J. *Gamestorming*: jogos corporativos para mudar, inovar e quebrar regras. Rio de Janeiro: Alta Books, 2012.

HABRICH, S. *Revista Cláudia.* 2021. Disponível em: https://claudia.abril.com.br/blog/stephanie-habrich/. Acesso em: 18 fev. 2021.

HARARI, Y. N. *21 lições para o século 21*. São Paulo: Companhia das Letras, 2018.

HATTIE, J. *Aprendizagem visível para professores*. São Paulo: Penso, 2017.

HERNÁNDEZ, F.; VENTURA, M. *A organização do currículo por projetos de trabalho*: o conhecimento é um caleidoscópio. Porto Alegre: Artmed, 1998.

HÖFER, T. Storyboarding, 2.0! Hacking GV's Design Sprint storyboarding to get results faster, with less stress. *Sprintstories.* 2017. Disponível em: https://sprintstories.com/storyboarding-2-0-4e282b2da94d. Acesso em: 19 fev. 2021.

INSUONLINE. *Treinamento no manejo de insulina*. Londrina: Oniria, c2021. Disponível em: https://oge.oniria.com.br/insuonline/

KILPATRICK, W. H. *Educação para uma civilização em mudança*. 13. ed. São Paulo: Melhoramentos, 1975.

Referências **183**

LEITE, J. C. G. 66% dos brasileiros jogam games eletrônicos. *Consumidor Moderno*, 2020. Disponível em: https://www.pesquisagamebrasil.com.br/pt/consumidormoderno-66-dos-brasileiros--jogam-games-eletronicos/. Acesso em: 19 fev. 2021.

LÉVY, P. *Cibercultura*. São Paulo: Editora 34, 2009.

MARCHETI, A. P. C. Rubricas: um importante instrumento para correção de desempenho discente. *Revista Eletrônica Científica Ensino Interdisciplinar*, v. 6, n. 16, 2020.

MASI, D. *Uma simples revolução*. Rio de Janeiro: Sextante, 2018.

MCSILL, J. *Cinco lições de Storytelling*: fatos, ficção e fantasia. São Paulo: DVS, 2013.

MENTIMETER AB. c2021. Disponível em: https://www.mentimeter.com/. Acesso em: 18 fev. 2021.

MICHAELSEN, L.; KNIGHT, A.; FINK, L. *Team-based learning*: a transformative use of small groups. New York: Stylus, 2002.

MICHAELSEN, L; SWEET, M. *Fundamental principles and practices of team-based learning*. 2008. Disponível em: https://www.med.illinois.edu/FacultyDev/TBL/Readings/SupplementalReadingOnTBL.pdf. Acesso em: 24 abr. 2017.

MICROSOFT. *A sala de aula de 2030 e o aprendizado para a vida*: a tecnologia indispensável, relatório resumido. Disponível em: https://info.microsoft.com/rs/157-GQE-382/images/PT-BR--CNTNT-Whitepaper-Education-Class-of-2030-report.pdf. Acesso em: 22 out. 2020.

MURAL.CO. 2020. Disponível em: https://www.mural.co/?. Acesso em: 6 abr. 2020.

NAÇÕES UNIDAS BRASIL. *Os objetivos de desenvolvimento sustentável no Brasil*. Brasília: Casa ONU Brasil, c2021. Disponível em https://brasil.un.org/pt-br/sdgs. Acesso em: 18 fev. 2021.

NASA's JET PROPULSION LABORATORY. *Spacecraft AR*. c2019. Disponível em: https://photojournal.jpl.nasa.gov/beta/catalog/PIA14156. Acesso em: 16 abr. 2021.

NETO O.; ZORDA, E.; CARVALHO, C.(ed.). A nova realidade da educação. *Plataforma Gente*. 2020. Disponível em: https://gente.globo.com/a-nova-realidade-da-educacao/. Acesso em: 15 fev. 2021.

OLIVEIRA, J. B. A. (org.). *Educação baseada em evidências*. Brasília: Instituto Alfa e Beto, 2014. Disponível em: http://www.alfaebeto.org.br/wp-content/uploads/2015/12/Instituto-Alfa-e-Beto_Educacao-Baseada-em-Evidencia_2014.pdf. Acesso em: 11 out. 2020.

OLIVEIRA, V. *Competência toma lugar do conteúdo nas escolas da Finlândia*. 2015. Disponível em: https://memoria.ebc.com.br/educacao/2015/03/competencia-toma-lugar-do-conteudo-nas--escolas-da-finlandia. Acesso em: 10 out. 2020.

PARMELEE, D. X. *et al*. Team-based learning: a practical guide: AMEE guide. nº 65. *Medical Teacher*, v. 34, n.5, p. e275-287, 2012.

PERRENOUD, P. *Desenvolver competências ou ensinar saberes? A escola que prepara para a vida*. Porto Alegre: Penso, 2013.

PIKTOCHART. 2020. Disponível em: https://piktochart.com/. Acesso em: 18 fev. 2021.

PROPROF. *Quiz*. c2021. Disponível em: https://www.proprofs.com/quiz-school/. Acesso em: 18 fev. 2021.

RODELLO, I. *et al*. Realidade misturada: conceitos, ferramentas e aplicações. *Revista Brasileira de Computação Aplicada*, v. 2, n. 2, p. 2-16, 2010.

SANTAELLA, L. Da cultura das mídias à cibercultura: o advento do pós-humano. *Revista Famecos,* n. 22, p. 23-32, 2003.

184 Referências

SCALLON, G. *Avaliação da aprendizagem numa abordagem por competências*. Curitiba: PUCPR, 2015.

SLAUGHTER, A-M. America's edge: power in the networked century. *Foreign Affairs*, v. 88, n. 1, p. 94-113, 2009.

TELEPRESENCIAL. *In:* DICIONÁRIO da Língua Portuguesa Priberan. Lisboa: Priberam Informática, 2020. Disponível em: https://dicionario.priberam.org/telepresencial. Acesso em: 15 fev. 2021.

THOMAS, G.; PRING, R. *Educação baseada em evidências*: a utilização dos achados científicos para a qualificação da prática pedagógica. Porto Alegre: Artmed, 2007.

THOMPSON, J. B. *A mídia e a modernidade*: uma teoria social da mídia. Petrópolis: Vozes, 2003.

UNIVERSITY OF HOUSTON. *Educational uses of digital storytelling*. Houston: University of Houston, 2021. Disponível em: https://digitalstorytelling.coe.uh.edu/. Acesso em: 21 set. 2020.

WONDER. c2020. Disponível em: https://www.wonder.me/?r=0WNBn. Acesso em: 19 fev. 2021.

WORLD ECONOMIC FORUM. *The Future of Jobs Employment, Skills and Workforce Strategy for the Fourth Industrial Revolution*. 2016. Disponível em: http://www3.weforum.org/docs/WEF_Future_of_Jobs.pdf. Acesso em: 17 fev. 2021.

ZABALA, A. *Como aprender e ensinar competências*. Porto Alegre: Artmed, 2010.

ZABALA, A. *Como trabalhar os conteúdos procedimentais em aula*. 2. ed. Porto Alegre: Artmed, 2007.

ZABALA, A. *Métodos para ensinar competências*. Porto Alegre: Penso, 2020.